作者简介

黄亦兵，中国人民革命军事博物馆原副馆长、研究馆员。长期从事军战史研究和陈列工作，主持国家社科基金军事学项目“中国人民解放军历史陈列研究”“军事科技陈列研究”，主持或参与策划“纪念中国人民志愿军抗美援朝出国作战70周年主题展览”“制胜之道——孙子兵法暨中国古代军事文物精品展”“用兵如神——毛泽东军事指挥艺术展”等展览。出版《北平和平解放》等著作。

刘中刚，中国人民革命军事博物馆馆长。主要从事党史、军战史和文博研究，参与和策划的展陈多次获全国博物馆十大陈列展览精品奖或特别奖，是2015年以来党和国家重大主题展览的专家组成员。出版《军旗史话》等著作，发表论文10余篇。

缪斯
MUSE
文库

杨春增
雷保森
邱少云
黄继光
197653

本书由中国博物馆协会与腾讯基金会“腾博基金”资助

铭记伟大胜利

Bear in Mind the Resounding Victory

中国人民革命军事博物馆

“纪念中国人民志愿军抗美援朝出国作战70周年主题展览”

策展笔记

黄亦兵　刘中刚　等著

ZHEJIANG UNIVERSITY PRESS
浙江大学出版社
·杭州·

图书在版编目(CIP)数据

铭记伟大胜利：中国人民革命军事博物馆“纪念中国人民志愿军抗美援朝出国作战70周年主题展览”策展笔记 / 黄亦兵等著. -- 杭州：浙江大学出版社, 2023.11

（中国博物馆陈列展览精品 · 策展笔记）

ISBN 978-7-308-23788-8

Ⅰ. ①铭… Ⅱ. ①黄… Ⅲ. ①中国人民革命军事博物馆—抗美援朝战争—藏品—陈列—策划 Ⅳ. ① G269.271

中国国家版本馆CIP数据核字（2023）第086410号

铭记伟大胜利

中国人民革命军事博物馆“纪念中国人民志愿军抗美援朝出国作战70周年主题展览”策展笔记

MINGJI WEIDA SHENGLI:ZHONGGUO RENMING GEMING JUNSHI BOWUGUANG “JINIAN ZHONGGUO RENMING ZHIYUANJUN KANGMEIYUANCHAO CHUGUO ZUOZHAN 70 ZHOUNIAN ZHUTI ZHANLAN” CEZHAN BIJI

黄亦兵　刘中刚　等著

出 品 人	褚超孚
项目负责	陈　洁
策划编辑	张　琛　陈佩钰　吴伟伟
责任编辑	陈佩钰（yukin_chen@zju.edu.cn）
责任校对	杨利军
美术编辑	程　晨
责任印制	范洪法
出版发行	浙江大学出版社 （杭州天目山路148号　邮政编码：310007） （网址：http://www.zjupress.com）
排　　版	浙江大千时代文化传媒有限公司
印　　刷	杭州捷派印务有限公司
开　　本	710mm × 1000mm　1/16
印　　张	17
字　　数	240千
版 印 次	2023年11月第1版　2023年11月第1次印刷
书　　号	ISBN 978-7-308-23788-8
定　　价	88.00元

总　序

在社会主义文化强国建设的进程中，博物馆扮演着中华文明优秀成果守护者、传承者与传播者的重要角色。作为博物馆教育与传播的核心媒介，陈列展览成为博物馆守护文化遗产、传承中华文明、讲好中国故事的关键工作。好的陈列展览离不开好的策展工作。策展是构建陈列展览的过程，是通过逻辑和观念的表达，阐释文物藏品的多元价值，构建公众与遗产之间的对话空间，激发广泛社会价值与文化价值的思维和组织活动。博物馆策展的理论与实践水平，很大程度决定了陈列展览的思想境界、文化内涵、艺术品位与传播影响。因此，博物馆策展的学术研究和业务能力建设是提高博物馆陈列展览工作业务水平和影响效果的重要途径；某种意义上，也是促进我国博物馆事业高质量发展的关键所在。

“中国博物馆陈列展览精品·策展笔记”丛书的出版，正是源于对上述问题的思考。作为我国博物馆行业发展的协调者与促进者，中国博物馆协会长期致力于博物馆展陈质量建设和策展能力提升。在持续不断的摸索和实践中，许多博物馆同仁建议我们依托“全国博物馆十大陈列展览精品推介活动”，围绕一批业内公认的具有较大影响力与鲜明特色的获奖展览项目，邀请策展团队，形成有关策展过程和方法的出版物。在不断的讨论中，我们逐渐明确：这种基于展览策划的出版物，显然不同于博物馆中常见的对于展览内容及重点文物介绍的“展览图录”，而更适合被称为“策展笔记”。

所谓“策展笔记”，一方面，要聚焦“策展”的行动内容，也就是要透过展览看幕后，核心内容是展览从无到有的建设过程，尤其要重点讲述展览选题、前期研究、团队组建、框架构思、展品组织、形式设定、艺术表达、布展制作等当代博物馆展览策划的核心流程及相关体会。另一方面，要突出“笔记”的内涵风格。如果与记录考古工作的过程、方法与认识的“考古报告”相类比的话，“策展笔记”则是对陈列展览的策展过程、方法与认识的重点记录。与此同时，作为与“随笔”“札记”等相似的“笔记”文体，也应带有比较强烈的主观性、灵活性和较高的自由度，宜以第一人称的口吻展开，重在呈现策展的心路历程与思考感悟，而不苛求内容体系的完整性与系统性；重在提炼策展的经验、理念、亮点，讲好值得分享的策展专业理论、专业精神、专业态度和专业手法等。我们相信，这样的“策展笔记”，不但可以作为文博行业了解我国文博系统优秀展览的“资料工具书”，也可以作为展陈从业者策展创新借鉴的“实践参考书”，还可以作为普通大众的“观展指南书”，帮助他们了解博物馆幕后工作，更好领略博物馆展陈之美。

丛书第一辑收集了2019—2021年度全国博物馆十大陈列展览精品推介的代表性获奖项目，覆盖全国不同地域，涵盖考古、历史、革命纪念等不同类型。由于缺乏经验借鉴，加之展览类型的多元性、编写人员构成的差异性等，在撰稿与统稿过程中，我们遇到了远超预期的挑战。这些挑战包括但不限于：如何平衡丛书的整体风格与单册图书的个体特色；如何兼顾写作内容的专业性特质与写作表达的大众性要求；如何将策展实践中的“现象描述”转化为策展理念的“机制提炼”，充分体现策展的创新点和价值点；如何实现从“报告思维”向“叙事思维”的转型，生动讲述策展的动人细节；如何在分析个案内容的同时对行业的普遍性、典型问题进行有效回应，发挥好优秀展览的示范作用；如何解决多人撰写所产生的文风不统一问题，提高统稿工作的质量和效率；等等。幸运的是，在各馆撰稿团队的积极配合下，在专家的有力指导下，我们通过设定指导性原则、确定写作指南、优化统稿与编审机制等途径，一定程度克服了上述挑战难题，基本完成了预期目标。

这套丛书的问世，离不开撰稿人、专家和编辑的辛勤劳动。我们衷心感谢北京鲁迅博物馆（北京新文化运动纪念馆）、中国人民革命军事博物馆、山西博物院、吴中博物馆、扬州中国大运河博物馆、杭州市萧山跨湖桥遗址博物馆、山东博物馆、湖北省博物馆、盘龙城遗址博物院、成都武侯祠博物馆、陕西历史博物馆、秦始皇帝陵博物院、和田地区博物馆等博物馆策展团队撰稿人的精彩文本。同时，我们衷心感谢南京博物院理事长、名誉院长龚良，复旦大学文物与博物馆学系主任陆建松，浙江大学艺术与考古学院教授严建强，北京大学考古文博学院教授宋向光，上海大学现代城市展陈设计研究院执行院长李黎，西安国家版本馆（中国国家版本馆西安分馆）副馆长董理，清华大学美术学院副教授李德庚等多位学者、专家的认真审读与宝贵的修改建议。感谢浙江大学出版社董事长、党委书记、总编辑褚超孚，以及社科出版中心编辑团队的细致审校和精心编辑，他们的工作为丛书的顺利出版提供了坚实的保障。浙江大学艺术与考古学院“百人计划”研究员毛若寒博士在这套丛书的方案策划、组织联络、出版推进等方面，用力尤勤，付出良多。此外，还有许多在本丛书筹划、编辑、出版过程中给予帮助的专家、老师，无法一一列举，在此谨对以上所有人员致以最真挚的感谢和敬意。

严建强教授在一次咨询会上曾对这套丛书给过一个很高的评价，认为它是当代博物馆专业化建设的一个重要的里程碑。对于这个赞誉，我们其实是有点愧不敢当的。我们很清楚，丛书第一辑的整体质量还有待提升，离“里程碑”的高度存在一定差距。但通过第一辑的编辑出版，我们为接下来的第二辑、第三辑的编写积累了经验、增强了信心。今后，我们会继续紧扣“策展笔记”作为“资料工具书”“实践参考书”与“观展指南书”的核心功能定位，继续深化对于博物馆展览策展笔记的属性、目标、功能、内涵、形式等方面的认知，努力通过策展笔记的编写，带动全行业策展工作专业水平的整体提升。这虽然是一件具体的事情，但对构建博物馆传承与展示中华文化的策展理论体系和实践创新体系，推动博物馆守护好、展示好、传承好中华文明优秀成果，为博物馆事业的高质量发展、为建设社会主义文化强国不断做出新贡献，是很有积极意义的。我们相信，有全国博物馆工作者的积极参与，我们一定能把这套丛书做得更好，做成中国博物馆领域的著名品牌。

是为序。

刘曙光
中国博物馆协会理事长

目录

铭记伟大胜利

Bear in Mind
the Resounding Victory

引言

『雄赳赳、气昂昂』的精神传承

2020 年 10 月 19 日上午，“铭记伟大胜利　捍卫和平正义——纪念中国人民志愿军抗美援朝出国作战 70 周年主题展览”在中国人民革命军事博物馆（简称军博）隆重开幕。下午，习近平等党、国家和军队领导同志到馆参观。其间，习近平总书记讲话、询问、指示等 40 余处，参观时长达 90 多分钟，给予了展览高度评价。随后，展览对社会开放。为响应广大观众的参观期盼，军博取消周一例行闭馆的惯例，尽量满足观众热情参观的需要，每天限额从 8000 人上限调整至 14000 人，预定展期也一再延长。看到门外等候参观的观众排起长队和展厅内观众涌动的场景，我们感到这是一个深受观众欢迎的展览，策划的初衷、设计的思路、学术的支撑、展示的效果，值得认真回顾和总结。

一、策展动机：为什么举办展览？

2020 年 10 月，距中国人民志愿军抗美援朝出国作战已 70 年。70 年前，朝鲜内战爆发后，美国悍然派兵进行武装干涉，发动对朝鲜的全面侵略战争，不顾中国政府多次警告，越过“三八线”，直逼中朝边境，并出动海军侵入台湾海峡，轰炸中国东北边境地区，把战火烧到了新生的中华人民共和国国土之上。为支援朝鲜抗击侵略，维护国家安全和领土完整，维护亚洲和世界和平，中共中央和毛泽东同志应朝鲜劳动党和朝鲜政府请求，毅然作出抗美援朝、保家卫国的历史性决策。

抗美援朝战争，是在交战双方力量极其悬殊的条件下进行的一场现代化战争。当时，中美两国国力相差巨大。在这样极不对称、极为艰难的情况下，中国人民志愿军同朝鲜军民密切配合，经过艰苦卓绝的战斗，中朝军队打败了“武装到牙齿”的对手，打破了美军不可战胜的神话，迫使不可一世的侵略者于 1953 年 7 月 27 日在停战协定上签字，赢得了抗美援朝战争的伟大胜利。这是中国自近代以来，何等的壮举，何等的伟业。

2019 年冬，我们着手策划纪念中国人民志愿军抗美援朝出国作战 70 周年主题展览（简称抗美援朝主题展）。

为什么策划这个展览？

第一，抗美援朝战争无论是在中国共产党领导的战争史上、中华人民共和国战争史上，还是在世界战争史上，都具有极其重要的地位，呈现出鲜明的特点，正义性、艰巨性、残酷性、复杂性交织一体，鲜活而生动，紧张而激烈，对抗而博弈，奋勇而无畏，上至领袖统帅，下至士兵民众，演绎出一个个感人至深、撼天动地的故事。就军博展陈来说，这是非常好的题材。

第二，抗美援朝战争是军博举办多次的展览题材，如建馆初期的抗美援朝战争馆，还有 1999 年至 2010 年的抗美援朝战争馆，但两个版本的主题展览规模都不大，约 1200 平方米，不能充分展示抗美援朝战争的全貌。尤其是在 21 世纪前后一段时间里，受国内外政治外交形势的影响，展览时开时关，不能大力宣传推介，未发挥应有的教育功能。我们常常引以为憾，期盼着有机会推出一个大规模、全景式的抗美援朝战争展览，实现我们长久以来的心愿。

第三，我们始终坚持对抗美援朝战争权威资料进行跟踪学习和研究，以掌握最新观点和学术成果。通过对馆藏 1 万余件抗美援朝文物、文献深入挖掘，多次遴选，我们发现了许多包括作战日志、电文记录在内的珍贵文物。同时我们广泛收集图片、视频资料，陆续从中央档案馆、中国人民解放军档案馆复制档案 100 余件，与华东师范大学冷战国际史研究中心合作征集美苏两国档案文献数千件，向深圳越众历史影像馆征集美军战争期间拍摄的照片 5.9 万张。这些为办展打下了坚实基础，也使我们作为博物馆人产生了极其强烈的展示以前未曾展出过的文物、文献史料的内在动力和历史责任。

第四，“战争是政治的继续”，策划推出抗美援朝主题展，是个政治性、政策性、敏感性很强的工作，需要牢牢把握正确的宣传舆论导向，同时也是服务党和国家大局的重要体现。我们认为策划这个展览符合习近平总书记关于加强党史军史教育、用好红色资源、赓续红色血脉等一系列指示精神的要求，符合当前国际斗争形势的需要。当今世界面临百年未有之大变局，中美博弈进入战略相持阶段。抗美援朝战争是我国遏制与反遏制、侵略与反侵略的生动教材，体现了中国共产党、中国人民和人民军队的伟大斗争精神。推出展览对于宣扬我国坚决反对单边主义、霸权主义、强权政治的立场观点具有重大现实意义。同时，还能够回应一段时间以来，社会对抗美援朝决策出兵的原因、停战时机的把握、战争伤亡人数以及战争的意义等模糊甚至错误的观点和认识，旗帜鲜明反对历史虚无主义，坚决抵制否定抗美援朝出国作战正义性和必要性、否定志愿军辉煌战绩、丑化亵渎志愿军英烈等言行，发出正确之声，传播正向能量。

因此，在隆重纪念中国人民志愿军出国作战 70 周年之际，适时推出展览，既恰逢其时，十分必要，也是我们的义务。

二、策展目标：举办什么样的展览？

举办任何展览都首先要明确举办个什么样的展览，想告诉观众什么，传达给观众什么。展览的目标是展览策划的灵魂，是出发点和落脚点，是贯穿展览设计始终的基本指导思想。那么，我们策展时拟定的展览目标是什么呢？

我们要用馆内最好的展厅，即展览大楼一层西侧1—3厅来举办展览，位置突出，面积3300平方米，在历次举办的展览中面积最大，其重要性、特殊性不言而喻。

通过这个展览，全面展示中国共产党领导抗美援朝战争的光辉历程和宝贵经验，展示抗美援朝战争的正义性质和伟大胜利，展示中国人民志愿军的英雄事迹和革命精神，展示全国各族人民同仇敌忾、众志成城的大力支援和爱国情怀，展示中华民族不畏强暴、维护和平的坚定决心和巨大贡献，大力弘扬伟大的抗美援朝精神和民族精神。在当前国际力量对比深刻调整、强权政治对世界和平与发展的威胁上升、世界进入动荡变革时期之际，坚定必胜信念，发扬斗争精神，增强斗争本领，为实现中国梦、强军梦提供历史经验和精神动力。

通过展览，告诉广大观众：

中国共产党和中国人民维护和平的正义担当。在新中国百废待兴、急需一个和平建设环境的时刻，中共中央和毛泽东同志毅然决然作出抗美援朝、保家卫国的历史性决策，以大无畏的英雄气概果敢承担起保卫和平的历史使命。"打得一拳开，免得百拳来。"

中国共产党及其领导的人民军队的战斗精神和顽强意志。在中国共产党坚强领导下，中国人民志愿军在战场上英勇战斗、越战越强，中国人民掀起抗美援朝运动，同仇敌忾、攻坚克难，最终取得战争胜利。战争锻造出伟大抗美援朝精神，其中的爱国主义精神、革命英雄主义精神、革命乐观主义精神、革命忠诚精神和国际主义精神，生动反映中国共产党和人民军队的崇高风范，以及志愿军将士“钢少气多”的英雄气概和敢于斗争、敢于胜利的血性胆魄。抗美援朝精神具有鲜明的时代价值，昭示在当今时代，任何国家、任何势力都不要低估我们捍卫和平、敢打必胜的战略决心和坚定意志。

抗美援朝战争胜利的伟大意义和历史贡献。经此一战，新中国真正站稳了脚跟，拼来了山河无恙、家国安宁，充分展示了中国人民不畏强暴的钢铁意志！打出了中国人民的精气神，充分展示了中国人民万众一心的顽强品格！让全世界对中国刮目相看，充分展示了中国人民维护世界和平的坚定决心！人民军队在战争中学习战争，越战越勇，越打越强，取得了重要军事经验，实现了由单一军种向诸军兵种合成军队的转变，极大促进了国防和军队现代化，人民军队战斗力威震世界，充分展示了敢打必胜的血性铁骨！经此一战，第二次世界大战结束后亚洲乃至世界的战略格局得到深刻塑造，全世界被压迫民族和人民争取民族独立和人民解放的正义事业受到极大鼓舞，有力推动了世界和平与人类进步事业。再次证明正义必定战胜强权，和平发展是不可阻挡的历史潮流！

所有这些，凝聚出展览的主题和名称——“铭记伟大胜利　捍卫和平正义——纪念中国人民志愿军抗美援朝出国作战70周年主题展览”，这就是我们策展的宗旨。它决定了这个展览主题性、纪念性、崇敬性、褒扬性的鲜明特质。

博物馆传播理论研究认为，展览传播目标是策展的第一要务。只有准确设立展览的传播目标，并按其来组织规划展览，展览才有可能成功。否则，展览内容散漫无序、观点游移、无的放矢，不可能达到展览传播的应有效应。我们将展览设定为主题展览，就是表明展览的定位是政治性的、宣传性的，其视角是单一正面的，其语境是肯定褒扬的，其基调是激昂激励的，其意蕴是缅怀崇敬的。可以说，有了传播目标，我们的各项设计工作就有了统一的聚焦方向和把握标准。从观众的角度看，由于传播目标明确，展览所要传达的信息以一种清晰而自觉的方式呈现，展览的各个项目也以一种条理有序的方式得到整合，观众对展览的认知就会更直接、更便利。

除了上述信息，我们还希望观众有对战争的体验和情感的抒发。这将指导我们创意设计一些具有真实感的情景再现、角色扮演、互动体验展项。

所以，办一个什么样的展览，要让观众获得哪些体验、认知和感悟，看似简单，实则是展览策划最为关键的环节，这是我们在策展之初就努力把握的一点。

三、思路理念：怎样办好展览？

解决了为什么举办展览、举办个什么样的展览后，对策展人来说，接下来就是如何办好展览的问题。它关系到能不能有效地传播展览信息、讲好展览故事，吸引观众参观，让观众有所收获。

（一）确定展览样式结构

展览基本样式的确定看似简单，实则是经过精心考虑的，体现出策展者对展览主题的理解把握、对展览内容的结构演绎、对展览形式的基本设定、对观众体验的预测应对等。

对于抗美援朝战争这样的题材，我们认为展览的基本样式应是信息传播型的叙事展览。与之相区别的是文物展示型的器物展览，即以文物展品的欣赏为主要目的的展览。在文物展示型的器物展览中，文物是传播展示系统中的关键性主体要素，扮演着客观性和真实性的物证角色，国家博物馆的“古代中国”就是此类展览的典型。所谓信息传播型展览，是以知识、思想、价值观等方面的阐释和传播为主要目的的展览，展览结构具备叙事的基本要素：一个时间轴、具有因果关系且连续发生的事件线、统一的主题等。通俗地讲，就是讲故事、叙历史的展览。从观众的角度来说，参观一个叙事展览，就相当于看一个故事、读一段历史。对策展者来说，这个故事、这段历史有一个很重要的特征，就是由时间顺序来构成展览的内容框架，而不是采用主题或内容分类的方式。

策展之初，我们的目标之一，就是以中国共产党、中国人民和中国人民志愿军为主视角，围绕战争主线，突出战场较量，兼顾政治、军事、经济、外交等方面的斗争，多角度多侧面呈现抗美援朝战争全貌，向观众讲述抗美援朝战争的故事。展览是一个典型的叙事展览，因此，其框架结构是按时间顺序和因果关系搭建的，顶层结构分为 5 个部分。

第一部分“正义担当　决策出兵”，讲述新中国刚刚成立，面对美国悍然武装干涉朝鲜内战和侵犯中国领土主权的严峻形势，在极为艰难的条件下，中共中央和毛泽东同志高瞻远瞩，审时度势，作出伟大战略决策。1950 年 10 月 19 日，中国人民志愿军跨过鸭绿江，开赴朝鲜作战，支援朝鲜人民抗击美国侵略。

第二部分“运动歼敌　稳定战线”，讲述从 1950 年 10 月 25 日至 1951 年 6 月 10 日，中国人民志愿军以运动战为主要作战形式，连续进行 5 次战役，把侵略军从鸭绿江和图们江边赶回“三八线”附近，并将战线稳定在“三八线”地区，为抗美援朝战争胜利奠定了基础。

第三部分“以打促谈　越战越强”，讲述从 1951 年 6 月中旬起，战争进入战略相持阶段，中国人民志愿军以阵地战为主要作战形式，边打边谈、以打促谈，粉碎敌人局部攻势，取得反“绞杀战”和反细菌战胜利，越战越强，越战越主动，迫使美国于 1953 年 7 月 27 日在停战协定上签字。

第四部分“实现停战 胜利归国”，讲述1953年7月27日，战争双方在朝鲜停战协定上签字。中国人民志愿军胜利履行了抗美援朝、保家卫国的神圣使命，战后继续维护停战协定，帮助朝鲜人民重建家园。为缓和远东和世界紧张局势，志愿军响应中朝两国政府关于一切外国军队撤出朝鲜的建议，于1958年10月全部撤出朝鲜。

第五部分“抗美援朝战争胜利的伟大意义和历史贡献”，讲述中国人民取得了抗美援朝战争的伟大胜利，达到了“抗美援朝、保家卫国”的目的，支援朝鲜人民保卫了朝鲜民主主义人民共和国，稳定了朝鲜的局势，保卫了中国大陆的安全，维护了亚洲及世界和平，对中国、对朝鲜、对东方乃至对于整个世界都具有十分重要的深远意义。

从这一顶层结构设计可以看出，前4个部分完全以时间顺序展示战争进程和结果。第五部分强调战争胜利的历史意义、作用和影响。如果把前4个部分看成是“因”的话，第五部分就是“果”，是比签订停战协议还大得多的成果，故而单独作为一个结构部分，显示出它的极端重要性，在逻辑上也是完全成立的。

需要指出的是，叙事展览以时间轴作为构架，并不意味着展览只能以单向线性的方式展开，而不能有横向板块的呈现。从便于内容编排和观众认知的角度出发，我们在展览第二层结构中穿插了“中国人民志愿军思想政治工作”“中国人民志愿军后勤保障工作”“伟大的抗美援朝运动”“最可爱的人”“不忘初心 牢记使命永远奋斗”5个专题，把专题内容放到适当的位置和逻辑点上，多侧面、多角度地呈现战争前线和后方的面貌。

作为叙事展览，逻辑至关重要，以时间先后来编排主要内容，符合人对事件认知的习惯和规律，观众遵循策展者设计的逻辑链，可以较轻松地参观展览，这是叙事展览传播的优势所在。还有一点不可忽略：展览是一种空间视觉形态，观众参观是在连续变化的实体空间内进行的，即在不停的走动中观看体验，而且具有自主性、选择性和不确定性。因此，单向顺畅的展览流线或称之为参观动线，是引导观众有序有效按叙事逻辑参观的必备条件，尽管它具有一定的强制性。这一点往往不被一些策展者重视，或者因空间条件的制约而不能很好地实现，展线或曲折往返，或左右对看，使得观众必须刻意寻找，疲于应对，大大影响叙事传播效果。因此，我们在策划设计展线时，遵循主体内容按顺时针方向参观的原则，在整体呈L形的连续三个展厅内，采用“口袋式”布局，让叙事序列和空间推进最大限度重合，以顺畅完成一个完整的叙事过程。

（二）抓住展览内容特点

展览内容特点，实际就是抗美援朝战争的特点。我们策划这个展览的目标之一是全景式展示抗美援朝战争。在纷繁复杂的前后方战场、交织缠斗的各个领域，如何抓住这场战争最为显著的特征并立体化呈现，是讲好抗美援朝战争故事的关键所在。一般而言，战争特点首在“战”字，而这一特点在抗美援朝战争中尤为突出。我们以此为出发点，归纳梳理整个战争的各个方面，围绕“敢战”“能战”“善战”三个主题词展开内容设计。

“敢战”，即敢于面对强大对手、不怕挑战、不怕战斗、不怕流血的勇气和胆魄。主要从两个层面呈现：第一层面是作出抗美援朝、保家卫国的战略决策。中共中央和毛泽东全面分析战争双方优劣条件和参战困难，基于支援朝鲜人民反抗美国侵略和保卫中国国家安全的共同需要，在新中国成立伊始各方面严重困难的情况下作出这一英明决策。我们特别设计了决策出兵时间轴，把半个多月时间里，中共中央政治局、毛泽东多次开会研究出兵问题，并在与苏联反复磋商的过程中表现出的决心与担心、决定与波折真实再现，充分体现毛泽东等老一辈革命家敢于斗争、敢于胜利的非凡革命胆略。第二个层面是中国人民志愿军“雄赳赳、气昂昂，跨过鸭绿江”，“打败美国野心狼”的血性铁骨。我们设计展示大量的志愿军战士在出国前和历次战役中亲手写的决心书、请战书，重点挖掘两位特级英雄、50 位一级英雄、4 位一级模范的文物、影像和事迹，体现他们视祖国和人民利益高于一切，为祖国和民族尊严而奋不顾身、英勇顽强、舍生忘死的英雄气概。我们还专门设计抗美援朝运动专题，通过展示国内人民广泛开展以仇视、蔑视、鄙视美帝国主义的“三视”教育为中心内容的抗美援朝宣传教育活动，以及各地掀起的参军参战热潮和捐献飞机大炮运动等，显示中国人民不畏强暴、反抗侵略的坚定意志和团结一致、同仇敌忾的必胜信心。

“能战”，即在战斗中能与强大对手抗衡、不怕困难、不怕牺牲、战胜对手而不被对手所战胜的顽强战力和坚韧意志。抗美援朝战争是交战双方经济力量和军队武器装备对比优劣悬殊、极不对称的一场战争。我方遇到了以往作战中从未遇到过的困难，体现在能不能打、能不能守、能不能保证给养运输三个方面。我们即从这三个方面切入，在设计运动歼敌专题时，着重展示志愿军充分发挥夜战、近战、迂回、分割等战术特长，打出了威风士气和有利的战争形势。在设计阵地战专题时，着重展示志愿军修筑地面战场以坑道为骨干的坚固阵地防御体系、打小歼灭战的“零敲牛皮糖”战术、冷枪冷炮杀敌狙击活动和上甘岭战役，创造性地解决了能不能守的重大战略问题。志愿军的“钢少气多”，战胜了美军的“钢多气少”，而且越战越强，越战越主动。在设计志愿军后勤保障专题时，着重展示国内国外、前方后方共同努力，抢运、抢修与防空作战结合，火车运输、汽车运输与人畜力运输相结合，建立起“打不烂、炸不断的钢铁运输线”，重点突出粉碎美军专门针对后方运输的“绞杀战”等内容。

“善战”，即能因势利导、随机而变，发挥优长、击敌之短，学习战争、获取经验的战略战术运用和部队建设成果。主要从四个方面呈现：一是展示在最高指挥层面，根据战争形势变化，适时调整作战指导方针。在第一阶段即运动战阶段，执行“在稳当可靠的基础上争取一切可能的胜利”的总方针，连续进行 5 次战役，把战线稳定在“三八线”附近。在第二阶段即阵地战阶段，根据中国人民志愿军和朝鲜人民军能够将美国军队打回“三八线”，却难以将其赶出全朝鲜的实际情况，适时在军事上采取“持久作战、积极防御”的作战方针。二是展示当美国政府被迫放弃以武力占领全部朝鲜的战略目标，决定寻求谈判结束朝鲜战争时，中共中央和毛泽东确定了“充分准备持久作战和争取和谈，达到结束战争”的指导方针，边打边谈，政治斗争和军事斗争双管齐下。在两年零九个月的抗美援朝战争中，边打边谈时间达到两年零一个月。三是设置中国人民志愿军政治工作专题。通过开展杀敌立功运动、大力发扬军事民主、搞好战役战斗思想发动和战场鼓动等细节呈现，展示强有力的思想政治工作激发了志愿军全体官兵克服一切困难、压倒一切敌人、夺取战争胜利的旺盛战斗精神。这是志愿军依靠劣势武器装备取得胜利的重要因素。四是展示志愿军边打边建和轮换作战。战争中，志愿军步兵部队换装苏式武器，空军在抗美援朝战争中发展壮大，陆军技术兵种部队在作战中走向成熟。创造性地让陆军各兵种、空军、防空部队和公安部队等轮番和轮换赴朝作战，既解决了部队必要的休整补充问题，坚持长期作战，又锻炼了部队和指挥机关，积累了现代战争条件下的作战和指挥经验，实现了由单一军种向诸军兵种合成军队转变，极大促进了国防和军队现代化。

策展理论和实践都证明，策展人对拟展示事件（故事）了解得越深越好，对文物展品越熟悉越好，独一无二的灵感和创意是在深度理解内容的过程中产生的，并且能给观众带来精准的信息。我们长期跟踪研究抗美援朝战争史，由表及里、由浅入深，由感性到理性，由纷繁到明晰，从中梳理提取出战争中最具有代表性的标识，以及阐释、表现它们的具体故事。通过这些基础性的工作，加上我们在策展中反复地设计编排、认真打磨，展览内容才既丰富多样又条理清晰，既有总体概念又有具象阐述，既时序性推进又体块化展开，在有限的空间内总体架构抗美援朝战争的宏大叙事。观众抓住上述三个主题词，就能感悟体验到这场战争的基本内涵和精髓。

革命历史题材展览，或称红色题材展览，一般应具备四个要素，即事、人、魂、物。其中“魂”，指历史事件或人物所代表的精神。抗美援朝战争不仅奏响了一曲可歌可泣的凯歌，而且锻造出伟大的抗美援朝精神。我们在展览的最后部分，隆重展示了伟大的抗美援朝精神。这一点睛之笔，就是让人们以爱国主义和革命英雄主义为主题，铭记伟大胜利、凝聚奋进力量，发扬斗争精神、增强斗争本领，为实现中国梦而努力。

（三）突显展览形式特征

我们的策展团队是个集合多种专业的队伍，包括形式艺术设计人员。我们始终认为观众获得博物馆经验的好坏，主要看有无体验、有无认知、有无感悟。而展览的形式设计，就是通过各种造型和构成，融事、人、魂、物为一体，让观众便利、自然、舒适、顺畅地获得参观体验。当今革命历史题材或红色主题展览，总体展示质量虽有很大提升，但仍存在共性有余、个性不足，千展一面、乏味单调等问题，尤其在形式设计方面，不顾是否合理恰当，堆砌甚至滥用设计手段的现象比较普遍。因此，在概念设计阶段，我们要求设计人员认真学习展览内容，把握其中精髓实质，找准形式呈现方式，不求面面俱到，但求特征凸显，在总体形式上主要体现氛围感、真实感和殿堂感。

氛围感，就是整个展览要呈现主题展、纪念展、战争展应有的环境氛围，有“里”有“面”。形式服务内容的设计原则，首先体现在这一点上，这是必须把握的。在设计呈现上，既有简洁大气的门头展标、高阔疏朗的展厅空间、百面高悬的番号旗阵、巨幅发光的半岛地图、庄重雄伟的和平雕塑，又有紧凑激烈的叙事版面、冷峻凝重的战场气息、无畏无惧的冲杀定格、万众一心的支援热潮、逼真写实的艺术再现，再通过变化的版式色彩、精致的版式构成、多样的主题造型，打造沉浸式语境和体验式氛围。这种氛围感，本质是空间信息域的营造。它通过视觉产生一种无形气场，包裹着观众，引导着观众，感染着观众。

真实感，主要表现在突出文物主体地位，让文物说话。尽管传播型展览以信息传播为首要目的，文物处于传播的某一链条，起物证实证的作用，但并不意味着文物地位的下降和作用的被忽视。博物馆特征中的真实感，就是来自实物。实际上，现代意义的博物馆的诞生，就是从观看实物标本开始的。不论当代博物馆展示理论和实践如何发展变化，观看实物仍然是观众的习惯，是其自然而然的需求。况且，叙事展览和展览叙事是相辅相成的。前者是讲展览要按时间轴来搭建结构，后者是说展览要靠展品来讲述故事。当然，这个展品是个宽泛的概念，可以是文物，也可以是除文物以外的各种展品。军博保存有上万件抗美援朝战争遗物，因此，我们在策展之初，就定下“突出文物主体地位，让文物说话”的原则。还有一方面的考虑是，战争是人的行为，反映战争不光要有原因、过程、结果、意义等宏大叙事，更应有参与者，尤其是普通参与者的鲜活故事，而这正是文物能发挥作用之处。从策展角度来说，宏大视角与微观视角相结合，大事件与个体经历相结合，才能使整个叙事饱满、立体、生动、可信，更易于被观众接受理解。

落实在文物展示上，具体的做法包括：一是增大文物陈列数量，密集陈列档案文电、作战文书、旗帜徽章、武器装备等。以往抗美援朝展览陈列文物在400件左右，此次增加到1900余件，其中国家一级文物81件、首次展出的文物824件。二是通过突出个体文物，讲述经典故事。著名英雄杨根思、杨连第、邱少云、孙占元、黄继光、胡修道、杨育才、罗盛教等都设有文物专柜。一些经典文物，如杨石毅的日记、郑起的军号、张桃芳的步骑枪、唐章洪的迫击炮、姚显儒的排雷钳、杨从芳的“万里号”奖旗、曲洪一的木扁担、首都人民欢迎志愿军胜利归国的巨幅奖旗等，陈列于突出位置，用一物或多物组合讲一人一事。

除了我方的，对手的也有，如缴获的美军“北极熊团”团旗、“双料王牌飞行员”戴维斯的手枪、南朝鲜军“白虎团”团旗、所谓“联合国军”标识符号、弹药装具等。这样的展示比比皆是，不一一赘述。三是文物组合场景化陈列，最大化还原它们的使用形态。如阵地战坑道壁饰场景中志愿军使用的铁锤、钢钎、铁锨等工具和饭盆、饭勺、铁桶等生活用品，上甘岭战役景观中陈列的阵地上遗存的嵌满弹片的树干、被炸碎的岩石、被炸断 50 多处的电话线，运送伤员时使用的背架，以及激战后的战场场景前散落着的各种美式武器，等等。

我们认为，一个成功的展览要具备三个条件——可看、好看、耐看。“可看”即展览主题符合社会需要，值得观众花费时间精力去参观；“好看”即展览设计有新意、具备相当水准，观众参观感到愉悦、有体验、有收获，不虚此行；“耐看”即展览有值得驻足细看的展品，信息丰富、内涵深刻，看后有意犹未尽之感。“好看”可能是走马观花，“耐看”才会让人流连忘返，被深深打动。展览“耐看”，不但要有多样化和品级高的文物，更要把它们陈列好，通过合理的参观路线组织、空间处理、展柜安排、色彩和灯光运用等，吸引观众注意力，延长其驻足时间。

殿堂感，主要是针对展览的纪念性质。抗美援朝战争中，中国人民志愿军在武器装备极为落后、战场环境极为艰难的条件下，牢记党和人民重托、肩负民族希望，前仆后继、舍生忘死，顽强地同敌人血战到底，谱写了气壮山河的英雄赞歌，涌现出大批英模群体和个人。荣立三等功以上单位 5953 个、三等功以上人员 302724 名，由志愿军领导机关授予的英雄、模范称号和记特等功人员 502 人。抗美援朝烈士总数为 197653 名，包括牺牲在朝鲜战场的毛泽东之子毛岸英。他们的功勋永垂不朽。策划纪念展览首先不能忘记这些英模先烈。我们除了将英模群体和个人数字镌刻于展墙之上，还专门设计了一个弧形殿堂式的纪念景观，正面白色浮雕上是一排排志愿军手握钢枪威武挺立的形象，衬托着前面志愿军英勇杀敌的组雕，组雕基座上刻着抗美援朝烈士总数；两旁红色展墙上镌刻着志愿军特级、一级和二级英雄名录以及志愿军团以上烈士名录；红色顶部闪耀着英雄的名字，象征着他们的英名与天地共在、与日月同辉。这个展示空间犹如一座纪念堂，庄严肃穆，色彩浓烈，视觉震撼，观众进入其中，自然而然地缅怀先烈，凝思感怀。

（四）用好数字技术赋能展览

数字技术在博物馆中的应用已成为一种趋势，甚至是博物馆新推出展览的标配项目。对此，我们有主观方面的跟进意识和客观方面的力量准备。当然，我们并不认可在展览中为用而用、简单套用的做法，而是追求恰当、适用、可靠、实用的目标。在策划设计抗美援朝主题展时，数字技术的运用主要以满足观众获取展览资讯、展览内容和其他相关参观服务的需求，以“一部手机逛展览”为目的而展开，具体推出了智能导览小程序和网上数字展馆。

智能导览小程序采用无线定位、地图导航、信息推送等技术，满足观众参观前、参观中、参观后的信息和服务获取需求，支持馆内模式和馆外模式无缝切换。观众参观前，在馆外即可获得展览信息、交通路线引导、门票预约、网上数字展馆浏览、文物展品观览等功能；在馆内参观时，可查看展览空间布局、实时位置、参观路线指引，自动获取展览场景讲解和重点文物讲解音频，还可查找服务台、洗手间、饮水点等服务设施，并一键导航；观众离馆后，可以查看“我的预约”“我的评论”“我的参观足迹”，参与留言互动。

从加强展览教育功能、充分弘扬正能量的目的出发，我们推出了“英雄不朽”“见证荣光”两个特色模块。前者展示 56 位英雄模范人物传略，观众可浏览英雄画像和光辉事迹，向英雄献花；后者展示 50 件重点文物，观众可浏览文物高清图片和故事详情、收听讲解音频、观览三维模型、观看讲解视频等。

小程序“交流互动”模块除留言反馈、问卷调查等常规功能外，还增加了“重温誓词”特色互动功能，邀请志愿军老战士、新时代英模代表、网络名人朗诵誓词，观众可收听相关音频，也可点击录音按钮体验朗读誓词，审核通过后可展示在精选朗读区。

网上数字展馆以实体展览为原型，通过数字采集、三维建模、虚拟展示、交互互动等技术，逼真呈现展览实景和文物展品细节，以说明文字、高清图片、音视频、三维模型、电子书等特效展示形式，延伸展览内容，丰富呈现形式，讲述背后故事。观众通过手机或电脑能够便捷顺畅地远程参观展览。系统还设置了场景讲解、综合搜索、在线热评、意见分享、访问量统计等功能。

通过上述数字化项目，我们对数字技术赋能展览有了更为直接的体验。它在诱发参观动机、加强内容理解、增进互动参与，以及拓展空间性和时间性等方面，为我们开拓出一个崭新的实践领域。我们还要不断加强在这一领域的探索，使展览的实体与虚拟、馆内与馆外、即时与长远、推送与反馈等在更广阔的时空范围内融为一体。

铭记伟大胜利

Bear in Mind
the Resounding Victory

导览

『烽烟滚滚』战场的历史再现

一、基础信息

（一）展览名称

铭记伟大胜利　捍卫和平正义——纪念中国人民志愿军抗美援朝出国作战70周年主题展览

（二）主办单位、制作单位

展览由中央宣传部、中央党史和文献研究院、退役军人事务部、中央军委政治工作部、北京市主办，中国人民革命军事博物馆承办，北京清尚建筑装饰工程有限公司（简称清尚公司）设计制作。

（三）展览面积、展线长度、展品数量

展览面积 3387 平方米，展线长度 635 米，展出照片 529 张、艺术品 12 件、图表制字 83 幅、景观 4 个、视频 12 个。共展出文物 1900 余件，平均每米展线陈列 3 件文物。其中国家一级文物 81 件，首次对外展出文物 824 件，包含作战地图、文电档案、旗帜徽章、缴获武器等大量有代表性的文物。如彭德怀在抗美援朝时期使用的望远镜、志愿军二级英雄郑起的军号、俘虏 63 名敌军的刘光子使用的冲锋枪等。首次展出的文物主要有：志愿军第 39 军第 117 师烈士吴书写给妻子何赋亭的 5 封家书，伍先华的一级国旗勋章、证书和金星奖章，韩德彩的立功材料和战斗经过图，上甘岭战役中被炸断 50 多处的电话线，中国人民政治协商会议全国委员会、中国人民抗美援朝总会、北京市抗美援朝分会及首都各界人民代表 4500 余人赠送给全体志愿军的锦旗，2013 年以来由韩国移交的部分中国人民志愿军烈士遗物等。

（四）展览经费

竣工结算金额 2830.52 万元，每平方米造价 0.84 万元。

（五）开放情况

展览于 2020 年 10 月 19 日上午开幕，当日下午中共中央总书记、国家主席、中央军委主席习近平等党、国家和军队领导同志参观展览。10 月 25 日面向社会开放，2022 年 2 月 16 日闭展，共开放 419 天，接待社会各界观众 2378162 人，日

均5676人，网上展厅点击量达2900万次，点赞436万次，436.5万网民留言。先后有60余家媒体采访报道，展出期间有76位志愿军指战员或家属主动捐赠文物330件。

展览共接待专场参观149个单位，10992人，含志愿军老战士及烈士家属、驻京部队官兵、首都高校学生、中央和国家机关干部代表、国有企业干部和职工代表。接待集体组织参观2038个单位，124941人，主要为军队单位、中央各大部委和企事业单位。收集纸质留言45458份，含老兵留言110份、老兵后代留言433份、大学生留言276份、中学生留言126份、小学生留言3102份。参观绿色通道保障151141人次，接听服务电话145490人次，展览大楼内各点位服务及咨询总量121281人次。

二、展览内容

（一）展览主题、叙事线索

展览紧紧围绕弘扬爱国主义精神和革命英雄主义精神这个主题，以时间为序编排展陈内容，精心设计序厅、“正义担当　决策出兵”、“运动歼敌　稳定战线”、“以打促谈　越战越强”、“实现停战　胜利归国”、“抗美援朝战争胜利的伟大意义和历史贡献”和结束语等7个部分，设置“中国人民志愿军思想政治工作”“中国人民志愿军后勤保障工作”“伟大的抗美援朝运动”“最可爱的人”“不忘初心　牢记使命　永远奋斗”5个专题，全景式回顾展示抗美援朝战争的伟大历程，生动反映伟大的抗美援朝精神的丰富内涵和时代价值。

展览以中国共产党、中国人民和中国人民志愿军为主视角，围绕战争主线，突出战场较量，全方位展现在中国共产党坚强领导下，中国人民志愿军英勇战斗、越战越强，中国人民众志成城、攻坚克难，最终取得抗美援朝战争胜利的伟大历程，充分反映抗美援朝是保卫和平、反抗侵略的正义之举，发掘呈现英明决策、英勇战斗、英雄事迹背后的正义担当和革命精神，生动反映伟大抗美援朝精神的丰富内涵和时代价值，深刻揭示我们赢得胜利的政治优势和制度优势，把展览打造成为爱党、爱国、爱社会主义的生动课堂，弘扬主旋律，传播正能量，振奋精气神。

（二）展陈大纲

序　厅

展示毛泽东、邓小平、江泽民、胡锦涛、习近平同志的灯箱照片和领导人论述抗美援朝战争的制字。

灯箱片：毛泽东

抗美援朝　保家卫国

——毛泽东　1950年11月5日

灯箱片：邓小平

中国人吓不倒。抗日战争打了八年，抗美援朝打了三年，我们有以少胜多、以弱胜强的传统。

——邓小平　1989年9月16日

灯箱片：江泽民

中国人民志愿军的爱国主义、国际主义和革命英雄主义精神永放光芒。

——江泽民　1993年7月25日

灯箱片：胡锦涛

并肩捍卫和平　携手开创未来

——胡锦涛　2005年10月28日

灯箱片：习近平

伟大抗美援朝精神跨越时空、历久弥新，必须永续传承、世代发扬。

——习近平　2020年10月23日

前　言

70年前，由中华优秀儿女组成的中国人民志愿军，肩负着人民的重托、民族的期望，高举保卫和平、反抗侵略的正义旗帜，雄赳赳、气昂昂，跨过鸭绿江，发扬伟大的爱国主义精神和革命英雄主义精神，同朝鲜人民和军队一道，历经两年零九个月艰苦卓绝的浴血奋战，赢得了抗美援朝战争伟大胜利。伟大的抗美援朝战争，抵御了帝国主义侵略扩张，捍卫了新中国安全，保卫了中国人民和平生活，稳定了朝鲜半岛局势，维护了亚洲和世界和平。抗美援朝战争伟大胜利，是中国人民站起来后屹立于世界东方的宣言书，是中华民族走向伟大复兴的重要里程碑，对中国和世界都有着重大而深远的意义。抗美援朝战争伟大胜利，将永远铭刻在中华民族的史册上！永远铭刻在人类和平、发展、进步的史册上！

第一部分 正义担当 决策出兵

新中国刚刚成立，人民解放战争还没有完全结束，百废待兴，久经战争磨难的中国人民企盼和平建设和休养生息。面对美国悍然武装干涉朝鲜内战和侵犯中国领土主权的严峻形势，在极为艰难的条件下，中共中央和毛泽东同志高瞻远瞩，审时度势，作出伟大战略决策：抗美援朝、保家卫国。1950 年 10 月 19 日，中国人民志愿军雄赳赳、气昂昂，跨过鸭绿江，开赴朝鲜战场，支援朝鲜人民抗击美国侵略。

第一组 新中国成立后的形势和任务

△国内形势和人民政府的任务

△党的七届三中全会及党的战略策略方针

△中国人民解放军的任务

第二组 朝鲜内战爆发及美国武装干涉、入侵台湾海峡

△国际形势及朝鲜内战爆发

△美国武装干涉朝鲜内战

△美军侵入台湾海峡、轰炸中国东北边境地区

△美国操纵联合国安理会组建所谓“联合国军”

第三组 中国抗议美国侵略和组建东北边防军

△中国抗议美国侵略我国台湾和朝鲜

△中共中央决定组建东北边防军

△东北边防军的战前准备

第四组 中共中央决策抗美援朝、保家卫国

△美军越过“三八线”企图占领全朝鲜（仁川登陆）

△朝鲜请求中国出兵援助

△抗美援朝、保家卫国的战略决策

△中国人民志愿军开赴朝鲜战场

第二部分　运动歼敌　稳定战线

1950 年 10 月 25 日至 1951 年 6 月 10 日，中国人民志愿军同朝鲜人民军密切配合，以运动战为主要作战形式，连续进行 5 次战役，把侵略军从鸭绿江和图们江边赶回到“三八线”附近，帮助朝鲜收复了北部广大土地，将战线稳定在“三八线”地区，为抗美援朝战争胜利奠定了基础。

第一组　第一次战役

△所谓“联合国军”全线向中朝边境推进

△中国人民志愿军作战方针的调整

△西线作战（两水洞、云山战斗，进逼清川江）

△东线作战（黄草岭战斗）

△抗美援朝在国内外的强烈反响（世界民主阵营国家和爱好和平人民声援中国人民志愿军的行动）

第二组　第二次战役

△所谓“联合国军”发动总攻势

△中国人民志愿军诱敌至预定战场

△西线作战（三所里、龙源里战斗，松骨峰战斗，清川江地区围歼战）

△东线作战（鏖战长津湖）

△所谓“联合国军”败退“三八线”以南

△中国代表在联合国安理会的斗争

第三组　第三次战役

△美国玩弄“停火”阴谋和中国外长的声明

△中国人民志愿军和朝鲜人民军联合司令部成立

△突破“三八线”，占领汉城

△逼近“三七线”，适时收兵

第四组 第四次战役

△所谓"联合国军"发起反扑

△中国人民志愿军由休整转入防御

△第一阶段作战（汉江南岸阻击战、横城地区反击战）

△第二阶段作战（粉碎敌"屠夫行动""撕裂者行动""狂暴行动"的运动防御作战）

第五组 第五次战役

△美国政府陷于侵朝政策争吵及麦克阿瑟被解职

△提出"战争准备长期、尽量争取短期"方针

△第一阶段作战（再破"三八线"、逼近汉城）

△第二阶段作战（县里围歼战，停止进攻）

△将战线稳定在"三八线"南北地区（华川阻击战、铁原阻击战）

第三部分 以打促谈 越战越强

中国人民志愿军同朝鲜人民军密切配合，彻底粉碎美国占领全朝鲜的企图。1951 年 6 月中旬，战争形成相持局面，中共中央确定了"充分准备持久作战和争取和谈，达到结束战争"的指导方针，中国人民志愿军以阵地战为主要作战形式，边打边谈、以打促谈，粉碎敌人局部攻势，创造性地解决了能不能守等重大战略问题，取得反"绞杀战"和反细菌战胜利，越战越强，越战越主动，迫使美国于 1953 年 7 月 27 日在停战协定上签字。

第一组 停战谈判开始和 1951 年夏秋季防御作战

△战争相持局面形成和美国调整朝鲜战争政策

△制定边打边谈和"持久作战、积极防御"方针

△停战谈判开始及谈判被迫中断
△粉碎所谓“联合国军”夏季攻势
△粉碎所谓“联合国军”秋季攻势
△恢复停战谈判和达成军事分界线协议
第二组　反“绞杀战”和反细菌战
△粉碎美军的“绞杀战”
△粉碎美军的细菌战
第三组　1952 年春夏巩固阵地斗争和秋季战术反击作战
△确立坚守防御思想
△ 1952 年春夏巩固阵地斗争
△“零敲牛皮糖”和冷枪冷炮杀敌狙击运动
△ 1952 年秋季战术反击作战
第四组　上甘岭战役
△美军阻挠中朝被俘人员遣返，停战谈判无限期延长
△所谓“联合国军”发动“金化攻势”
△上甘岭战役第一阶段：争夺表面阵地
△上甘岭战役第二阶段：坚守坑道作战
△上甘岭战役第三阶段：决定性反击和巩固阵地
第五组　边打边建和轮换作战
△中共中央提出“边打、边稳、边建”的方针
△改善武器装备，步兵部队换装苏式武器
△空军在抗美援朝战争中发展壮大
△陆军技术兵种部队在作战中走向成熟
△轮换作战方针的确定和部队轮换
△高级指挥员和高级指挥机关的轮换

第六组 反登陆作战准备

△确定反登陆作战的指导方针

△全面加强防御工事和准备作战物资

△战前训练和实兵演习

△调整战场部署

△中国人民志愿军空军作战和防空部队作战

△正面战场作战和后方清剿匪特

第七组 1953年夏季反击战役

△停战谈判恢复

△夏季反击战役的方针和部署

△第一阶段作战和关于战俘问题谈判的进展

△第二阶段作战和停战谈判达成全部协议

△南朝鲜当局破坏谈判协议，中国人民志愿军发起金城战役

专题一 中国人民志愿军思想政治工作

△战前思想政治工作

△战时思想政治工作

△做好停战至撤军思想政治工作

专题二　中国人民志愿军后勤保障工作

△健全后勤指挥机构

△调整后勤保障供应体制　充实后勤保障力量

△打不烂、炸不断的钢铁运输线

专题三　伟大的抗美援朝运动

△中国人民抗美援朝总会成立

△爱国宣传教育、反对美日单独媾和

△掀起参军、参战、支前热潮

△中国人民赴朝慰问团赴朝慰问

△开展捐款捐物、捐献飞机大炮运动

△开展增加生产、厉行节约及爱国增产等运动

△反封锁、反禁运斗争

△各地开展抗美援朝运动情况

第四部分　实现停战　胜利归国

1953年7月27日，朝鲜停战协定签订。中国人民志愿军胜利履行了抗美援朝、保家卫国的神圣使命，战后继续维护停战协定，帮助朝鲜人民重建家园。为缓和远东和世界紧张局势，中国人民志愿军响应中朝两国政府关于一切外国军队撤出朝鲜的建议，于1958年3月至10月分批全部撤出朝鲜。

第一组　签订停战协定

△朝鲜停战协定签订，抗美援朝战争胜利结束

△中朝人民庆祝战争胜利

△维护朝鲜停战协定的斗争

第二组　帮助朝鲜医治战争创伤

△中国政府对朝鲜无偿提供经济援助

△中国人民志愿军帮助朝鲜人民重建家园

第三组　胜利归国

△中国人民志愿军主动全部撤出朝鲜

△朝鲜政府和人民欢送中国人民志愿军光荣回国

△中国人民热烈欢迎中国人民志愿军凯旋

专题　最可爱的人

△志愿军特级英雄

△志愿军一级英雄、一级模范

△“朝鲜民主主义人民共和国英雄”称号获得者

△志愿军二级英雄、二级模范

△团以上干部烈士

第五部分　抗美援朝战争胜利的伟大意义和历史贡献

伟大的抗美援朝战争，打败了以美国为首的所谓“联合国军”，稳定了朝鲜局势，保卫了新生的中华人民共和国的安全，打出了新中国的国威军威，弘扬光大了中国共产党和人民军队的革命精神，进一步锤炼了经过严酷战争洗礼的人民军队，极大凝聚了全国各族人民战胜一切困难和强大敌人的无穷力量，

为世界和平与人类进步事业做出了巨大贡献。

第一组　极大地提高了中国的国际威望

△抗美援朝战争打出了新中国的国威

△奠定了新中国在亚洲和国际事务中的重要地位

△影响和改变了亚洲乃至世界的政治格局

第二组　为新中国赢得了和平建设的环境

△国民经济发展第一个五年计划开始执行

△中国经济布局和经济结构发生积极转变

△人民群众工作生产积极性得到极大激发

第三组　人民军队经历了现代战争的洗礼

△取得了现代条件下依靠劣势装备战胜优势装备敌军的宝贵经验

△推动了武器装备现代化

△锻炼出适应现代战争需要的军事人才和部队

△国防现代化建设加速推进

第四组　创造了伟大抗美援朝精神

△祖国和人民利益高于一切、为了祖国和民族的尊严而奋不顾身的爱国主义精神

△英勇顽强、舍生忘死的革命英雄主义精神

△不畏艰难困苦、始终保持高昂士气的革命乐观主义精神

△为完成祖国和人民赋予的使命，慷慨奉献自己一切的革命忠诚精神

△为了人类和平与正义事业而奋斗的国际主义精神

专题 不忘初心 牢记使命 永远奋斗

伟大的抗美援朝战争胜利结束以来，在中国共产党坚强领导下，我国相继实现了从新民主主义革命到社会主义革命和建设的历史性转变，从高度集中的计划经济体制到充满活力的社会主义市场经济体制、从封闭半封闭到全方位开放的历史性转变，综合国力大幅跃升，人民生活明显改善，国际地位显著提高，中华民族迎来了从站起来、富起来到强起来的伟大飞跃。党和人民始终没有忘记英雄的志愿军将士以及所有为抗美援朝战争胜利做出贡献的人们。全党全军全国各族人民大力弘扬伟大的抗美援朝精神和民族精神，不忘初心、牢记使命、永远奋斗，朝着实现中华民族伟大复兴的宏伟目标奋勇前进。

△各时期纪念抗美援朝和缅怀英烈活动

△纪念中国人民志愿军抗美援朝出国作战 70 周年活动

结束语

纪念抗美援朝战争胜利，是为了更好地汲取历史经验，获得现实和长远的教益。让我们永远铭记以毛泽东同志为代表的老一辈无产阶级革命家和中国人民志愿军建立的不朽功勋，牢记抗美援朝战争的重大意义和深远影响，大力弘扬伟大的抗美援朝精神和民族精神，更加紧密地团结在以习近平同志为核心的党中央周围，增强“四个意识”、坚定“四个自信”、做到“两个维护”，贯彻军委主席负责制，牢记初心使命、坚定必胜信念，发扬斗争精神、增强斗争本领，为决胜全面建成小康社会、夺取新时代中国特色社会主义伟大胜利、实现中国梦强军梦不懈奋斗，为维护世界和平正义、推动构建人类命运共同体做出更大贡献！

（三）重点展项和重要展品

第一部分　正义担当　决策出兵

重点展项：百面入朝参战志愿军建制部队番号旗阵、多媒体文献融合场景“高瞻远瞩　伟大决策”。

重要展品：

1.1950年10月8日，毛泽东起草的组成中国人民志愿军并任命彭德怀为司令员兼政治委员的命令。同日，毛泽东致电金日成，告知中国政府决定出兵援朝。

2.1950年10月18日晚，毛泽东向中国人民志愿军下达入朝作战的命令。19日，中国人民志愿军分别从辽宁安东（今丹东）、长甸河口、吉林辑安（今集安）等地跨过鸭绿江，赴朝作战。

3.麻扶摇作词、周巍峙作曲的《志愿军战歌》手稿。这首歌是时任志愿军炮兵第一师第26团5连指导员麻扶摇在安东渡江前创作的一首出征诗，被新华社随军记者陈伯坚采访时发现，发表在1950年11月26日《人民日报》上，著名作曲家周巍峙见报后欣然谱曲，定名为《中国人民志愿军战歌》，从此这首歌回荡在朝鲜战场，唱遍祖国大江南北。

4.中国人民志愿军入朝参战誓词。

第二部分 运动歼敌 稳定战线

重点展项：鏖战长津湖

重要展品：

（第一组）

1.1950 年 10 月 23 日，毛泽东致彭德怀并告高岗电，应在稳当可靠的基础上争取一切可能的胜利。【复制件】这是中国人民志愿军在朝鲜作战的总方针。

2.1950 年 10 月 25 日，彭德怀致毛泽东电，决定以军和师分途歼敌一个团。【复制件】鉴于美军和南朝鲜军快速推进，先行到达志愿军预定防御地区。毛泽东和彭德怀决定改变原定防御作战设想，在运动中各个歼灭南朝鲜两三个师，争取出国第一个胜仗。

3.志愿军第 39 军第 116 师第 348 团 9 连 4 班副班长赵顺山使用过的十字镐。【一级文物】云山战斗中，赵顺山在轻机枪不能使用的情况下，用这把十字镐一连歼灭了 3 个美国兵。

4.“黄草岭英雄连”奖旗。【一级文物】第一次战役期间，在黄草岭地区担负东线阻击任务的志愿军第 42 军第 124 师第 370 团 4 连 2 天内打退敌军 1 个连至 2 个营兵力的进攻 20 次，以伤亡 50 余人的代价，毙伤敌 250 余人，牢牢守住了阵地。战后，志愿军领导机关授予该连“黄草岭英雄连”称号。

（第二组）

1.志愿军第 38 军第 113 师在第二次战役中使用的敌后破袭经过标示图。第二次战役西线作战中，第 113 师 14 小时急行军 70 公里，抢占三所里、龙源里，顽强阻击美军，使向南突围和向北增援之敌相隔不到 1 公里，可望而不可即，粉碎了敌人从该地区突围的企图。

2.1950 年 12 月 1 日，彭德怀为志愿军第 38 军先敌占领三所里、龙源里，阻敌南逃北援签发的嘉奖令。【复制件】嘉奖令末尾的“三十八军万岁！”这句话，是彭德怀最后亲自加上去的。从此，第38军获得“万岁军”的美名。

3.1951年4月11日，《人民日报》刊登魏巍的通讯《谁是最可爱的人》。通讯记述了志愿军第38军第112师第335团3连坚守松骨峰高地的英雄事迹。这篇通讯激动人心，很快传遍全国。从此，中国人民即以“最可爱的人”来称呼志愿军。

4.志愿军第27军司令部、政治部给第80师第239团4连颁发的“抗美援朝新兴里战斗模范连”奖旗。该连在新兴里战斗中大胆穿插进攻，袭击了“北极熊团”团部并击毙团长，捣毁一个炮兵营指挥所。

5.志愿军缴获的美军第7师第31团（又称“北极熊团”）团旗。【一级文物】这是抗美援朝战争中志愿军唯一一次成建制消灭美军一个团级战斗队的物证。

6.志愿军特级英雄杨根思获授的朝鲜民主主义人民共和国一级国旗勋章、证书和金星奖章。【一级文物】1950年11月29日，在长津湖地区作战中，志愿军第20军第58师第172团3连连长杨根思率领一个排坚守阵地，打退敌人8次猛烈进攻，阵地只剩杨根思等几个人。敌人再次进攻时，他毅然抱起炸药包，与敌人同归于尽，为增援的战友赢得了宝贵时间。立特等功，授“特级英雄”荣誉称号。

7.1954年12月25日，彭德怀给周恩来的信，建议毛岸英烈士尸骨安葬在朝鲜。【复制件】后经毛泽东同意，毛岸英烈士和千万个志愿军烈士一样，长眠在朝鲜的国土上。

（第三组）

8.志愿军二级英雄、特等功臣郑起的军号。【一级文物】志愿军第39军第116师第347团突破“三八线”向汉城方向追击，在釜谷里歼灭英第29旅一部。战斗中7连担负阻击任务，司号员郑起主动接替连长指挥部队，坚守阵地一整天，打退敌人3次冲锋，最后阵地上只剩7人，他机智地吹起冲锋号吓退敌人。

9. 志愿军某部第三次战役中缴获的英皇家坦克中队帽徽。1951 年 1 月，志愿军第 50 军第 149 师第 446 团在高阳以南佛弥地全歼英第 29 旅皇家奥斯特来复枪团第 1 营和 1 个坦克中队，共毙伤俘英军 700 余人，击毁和缴获坦克 31 辆、装甲车和汽车 24 辆。

（第四组）

1.“白云山团”奖旗。第四次战役汉江南岸防御战中，志愿军第 50 军成功阻敌 11 昼夜。1951 年 1 月底，敌 3000 余人在坦克 80 余辆、飞机 20 余架的配合下，对志愿军白云山阵地发起冲击。第 50 军第 149 师第 447 团坚守阵地，打退敌 4 次猛烈进攻，荣获“白云山团”称号。

2. 志愿军二级英雄关崇贵击落敌机缴获飞行员的匕首。志愿军第 42 军第 125 师第 375 团 1 连副班长关崇贵在第四次战役龙头里阻击战斗中，带领两名战士坚守连的前沿阵地，先后击退敌人 3 次冲锋，毙伤敌人 50 余人，用机枪击落敌机 1 架。立特等功，授二级英雄荣誉称号。

（第五组）

1. 志愿军第 63 军第 187 师第 561 团 2 连战士刘光子使用的冲锋枪和缴获敌人的枪绳。在一次截击逃敌的战斗中，刘光子看到一条山沟里挤着不少敌人，立即迂回到敌后，用冲锋枪突然扫射，接着又投出手雷，趁烟雾冲入敌群，大喊“缴枪不杀”。敌人不知所措，63 人乖乖当了俘虏。立一等功，授“二级孤胆英雄”荣誉称号。

2. 志愿军第 63 军第 188 师第 563 团 1 营 1 连 2 排副班长翟国灵和战士罗俊成、矦（通“侯”）天佑的立功材料。第五次战役铁原阻击战中，该排孤军奋战，坚守至弹尽援绝，仅剩的 8 名勇士宁死不屈，英勇跳崖。翟国灵、罗俊成、矦天佑被山腰树枝托住，幸免于难，其他 5 人李秉群、贺成玉、崔学才、张秋昌、孟庆修壮烈牺牲。

第三部分　以打促谈　越战越强

重点展项：

1. 上甘岭战役坑道作战大型景观（模拟作战场景，密集陈列中国人民志愿军在坑道中使用的武器、物品，挖坑道用的铁锤、钢钎、十字镐、锹等）。

2. 场景式密集陈列中国人民志愿军缴获的美军武器装备。体现出敌人是“钢多气少”，我军是“钢少气多”。“钢”是指武器装备，而“气”是指战斗意志、斗争精神。美帝国主义的“钢”没有压倒英勇顽强的志愿军，志愿军的“气”却战胜了不可一世的强敌。

3. 密集陈列中国人民志愿军指战员战斗决心书、《志愿军》报创刊号至第 600 期。

4. 国画一组《伟大的抗美援朝运动》（作者谢淼、刘书移等）。

重要展品：

（第一组）

1.1951 年 5 月 27 日，志愿军参谋长解方向志愿军党委传达毛泽东关于志愿军“持久作战、积极防御”的指示。【复制件】第五次战役后，美方被迫提出谈判要求。根据新的形势，中央军委和毛泽东提出“充分准备持久作战和争取和谈，达到结束战争”的指导方针，在军事上确定了“持久作战、积极防御”的战略方针。

2.1951 年 7 月 1 日，金日成、彭德怀答复李奇微，同意举行朝鲜停战谈判的函。【复制件】1951 年 5 月、6 月间，美国调整战争政策，通过苏联常驻联合国代表马立克转达希望通过停战谈判结束敌对行动的意愿。6 月 30 日，李奇微奉美国政府之命，发表愿意举行停战谈判的声明。

3.《朝中方面首席代表在开城停战谈判首次会议上关于停战谈判的三项建议》《朝鲜停战谈判朝中代表团关于以现有实际接触线为军事分界线

的建议》【复制件】1951 年 7 月 10 日，双方谈判代表团在开城来凤庄开始停战谈判。

4. 李克农佩戴的朝中停战谈判代表团胸章。朝中方面谈判代表团的工作由时任中国外交部第一副部长兼中央军委情报部部长李克农主持，时任中国外交部外交政策委员会副主任委员兼国际新闻局局长乔冠华协助。

5. 志愿军一级英雄贠宝山救护伤员时使用的急救包、绷带、医疗剪、水壶。【一级文物】1951 年 9 月 7 日，中马山战斗中，志愿军第 42 军第 125 师第 375 团 9 连卫生员贠宝山奋勇抢救伤员，负伤后坚持不下火线，因伤势过重牺牲。立特等功，授"一级英雄"荣誉称号。

6. 志愿军第 47 军司令部政治部颁发给第 141 师第 422 团 5 连的"天德山英雄连"奖旗。1951 年 10 月，美军向临津江东岸的天德山发起进攻。守卫主阵地的 5 连官兵顽强抗击。在只剩下指导员阎成恩和 2 名伤员、1 名通信员的情况下，仍牢牢地守卫着天德山阵地。战后，该连被志愿军总部授予"天德山英雄连"荣誉称号，记集体特等功。

7. 攻占大和岛后参战指战员撰写的记述文章。1951 年 11 月 5 日始至月底，志愿军第 50 军在空军配合下进行 4 次渡海攻岛作战，先后攻占椴岛、艾岛、炭岛、大和岛、小和岛等 14 个岛屿。这次攻岛作战是人民军队历史上第一次陆空协同作战。

（第二组）

1. 志愿军一级英雄张积慧缴获美空军"双料王牌飞行员"戴维斯的手枪、飞行牌、身份牌、风镜和头盔残骸。【一级文物】1952 年 2 月 10 日，志愿军空军第 4 师第 12 团第 3 大队大队长张积慧与僚机配合，一举击落美 F-86 战机 2 架，其中一架是美"双料王牌飞行员"戴维斯少校的驾机。在朝空战中，张积慧先后击落敌机 4 架。立特等功，授"一级英雄"荣誉称号。

2. 志愿军杨连第获授的朝鲜民主主义人民共和国一级国旗勋章、证书和金星奖章。【一级文物】1952年5月15日，在反“绞杀战”中，志愿军铁道兵第1师第1团1连副连长、著名“登高英雄”杨连第指挥连队抢修东清川江大桥时遭遇空袭，不幸牺牲。志愿军司令部、政治部追授杨连第“一级英雄”荣誉称号，命名杨连第生前所在连为“杨连第连”，并发布号召向杨连第学习的通令。

3. 美军在朝鲜北部投下的四格型细菌弹。1952年初，美军在朝鲜北部及中国部分地区秘密实施细菌战，企图削弱志愿军和人民军的防御力量。

4. 志愿军第67军代军长李湘在朝鲜前线使用的皮包。李湘，1913年生，江西永新人。1931年8月参加革命，第67军代军长，1952年7月8日在朝鲜牺牲。

5. 聂荣臻代总参谋长向中央军委呈报的朝鲜前方美军投撒带菌昆虫情况及处理意见。【复制件】1952年2月，聂荣臻接到前方发来的第一份有关细菌战的报告，在第一时间向毛泽东、周恩来汇报。3月1日，志愿军成立总防疫委员会，统一组织领导反细菌战防疫工作。

6. “调查在朝鲜和中国的细菌战事实国际科学委员会”全体委员在报告书上的签名。【复制件】自上至下：安德林博士（瑞典）、马戴尔教授（法国）、李约瑟教授（英国）、欧利佛教授（意大利）、贝索亚教授（巴西）、茹科夫·维勃斯尼科夫院士（苏联）。该委员会发布的调查报告，从事实和学理上揭露了美帝国主义进行细菌战的罪行。

7. 被俘美军飞行员执行细菌战的供词。【复制件】1952年5月6日始，新华社陆续公布了凯尼斯·伊纳克、约翰·奎恩、邦兰克·许威布尔、小安德烈·杰·爱文斯、瓦克·马胡林等25名被俘美军飞行员关于执行细菌战情况的供词，有力揭露美军发动细菌战的事实，赢得世界人民的同情和支持。

（第三组）

1.志愿军一级英雄杨春增获授的朝鲜民主主义人民共和国一级国旗勋章、证书和金星奖章。【一级文物】1952年8月6日，座首洞东南无名高地战斗中，志愿军第12军第35师第104团4连3排副排长杨春增带领9班坚守阵地，连续打退敌人14次反扑。战至黄昏，阵地上只剩下他和卫生员两人，敌人又发起冲锋，他举起最后一枚反坦克手雷扑进敌群，与敌同归于尽。立特等功，授“一级英雄”荣誉称号。

2.志愿军二级英雄、冷枪手张桃芳使用的苏联造1944式莫辛－纳甘步骑枪。【一级文物】志愿军在冷枪冷炮运动中，涌现出一批神枪手、神炮手。第24军第214团冷枪手张桃芳在坚守上甘岭阵地中，33天用436发子弹毙伤214个敌人。立特等功，获“二级英雄”荣誉称号。

3.志愿军二级英雄、冷炮手唐章洪使用的82毫米迫击炮。志愿军第15军第135团八二迫击炮连炮手唐章洪是志愿军首位“单炮游动”歼敌百名的神炮手。上甘岭战役中，他日夜配合步兵坚守阵地，保护坑道，掩护反击，操炮先后歼敌400余人。立特等功。

4.志愿军二级英雄姚显儒使用的排雷钳。1952年春，志愿军第63军第189师第566团3连班长姚显儒探索排雷方法，起回敌埋设地雷227个，破坏300多个，并把400个地雷搬了家，炸死敌人20余人。立一等功，获“二级起雷英雄”称号。

5.志愿军一级英雄伍先华获授的朝鲜民主主义人民共和国一级国旗勋章、证书和金星奖章。【一级文物】1952年9月29日，江原道金城郡官岱里战斗中，志愿军第12军第34师第100团2连3班班长伍先华抱起10千克重的炸药包，与40多个敌人同归于尽，为部队前进打开了通道。立特等功，授“一级英雄”荣誉称号。

6.志愿军一级英雄邱少云使用的冲锋枪和牺牲后残存的被烧焦的棉衣碎

片。【一级文物】1952年10月，在朝鲜平康前线反击391高地作战中，志愿军第15军第29师第87团9连战士邱少云潜伏时不幸被敌发射的燃烧弹击中。为避免暴露部队行动，他忍受烈火烧身，双手插进泥土中，强忍剧痛，始终未动，直至壮烈牺牲。立特等功，授“一级英雄”荣誉称号。1996年，经中央军委批准，列入中国人民解放军挂像英模。

7. 志愿军一级英雄邱少云获授的朝鲜民主主义人民共和国一级国旗勋章、证书和金星奖章。【一级文物】

（第四组）

1. 志愿军一级英雄孙占元在上甘岭战役中使用的苏联造捷格加廖夫DP式7.62毫米轻机枪。1952年10月14日，上甘岭战役中，志愿军第15军第45师第135团7连2排排长孙占元在双腿被敌炮弹炸断的情况下，忍痛坚持战斗，机枪子弹打完后，拉响手榴弹与7名敌人同归于尽。立特等功，授“一级英雄”荣誉称号。

2. 二级英雄、志愿军第15军第45师第135团7连战士易才学缴获的美国造M2式7.62毫米卡宾枪。1952年10月14日，上甘岭战役中，易才学越过敌人层层封锁，连续炸毁敌集团火力点3个，用缴获武器击退敌数次反扑，歼敌百余人。立特等功，授“二级英雄”荣誉称号。

3. 二级英雄、志愿军第15军第45师第135团通信连电话班副班长牛保才使用的电话机。上甘岭战役第一天，当敌向537.7高地北山进攻时，营指挥所通往前沿阵地的电话断线，他立即去查线，途中左大腿负重伤，仍咬牙爬行前进找到断线处，用手抓一线头，牙咬另一线头，以自己身体保证通信畅通，直至壮烈牺牲。立特等功，授“二级英雄”荣誉称号。

4. 志愿军特级英雄黄继光生前使用的水壶、腰带、日记本、挎包。1952年10月19日，上甘岭战役中，志愿军第15军第45师第135团2营通信员黄继光在部队被敌火力压制前进受阻时，挺身而出，带领两名战友执行爆破任务。在连续摧毁敌多个火力点后，他身负重伤，顽强爬向最后一个火力点，用胸膛堵住疯狂扫射的敌机枪眼，壮烈牺牲，以生命为战友开辟了前进道路。立特等功，授“特级英雄”荣誉称号。

5. 黄继光获授的朝鲜民主主义人民共和国一级国旗勋章、证书和金星奖章。【一级文物】

6. 志愿军一级英雄胡修道获授的朝鲜民主主义人民共和国一级国旗勋章和金星奖章。【一级文物】1952 年 11 月 5 日，上甘岭战役中，志愿军第 12 军第 31 师第 91 团 5 连新战士胡修道与一名战友坚守在 597.9 高地一个阵地。战友负重伤后，他孤军奋战，打退敌人 41 次冲锋，歼敌 280 余人，在后续力量增援下，守住了阵地。立特等功，授“一级英雄”荣誉称号。

7. 上甘岭战役中残存的嵌满弹片的枯树干。上甘岭战役中，以美国为首的所谓“联合国军”在不到 4 平方千米的狭小区域内发射了 190 多万发炮弹、5000 多枚航空炸弹……阵地上的土石都被翻了一遍，所有的树木都被削光，所有的表面工事都荡然无存。

8. 上甘岭战役中被炸断 50 多处的电话线。

9. 上甘岭战役中阵地上被炸碎的岩石。

10. 飘扬在上甘岭阵地上的战旗。【复制件】志愿军第 15 军某部 8 连官兵在上甘岭战役中浴血奋战，坚守坑道 14 昼夜，最终将这面布满 381 个弹孔的战旗插上上甘岭阵地。

（第五组）

1. 毛泽东在空军第 4 师空战报告、第 3 师 86 天战况综合报告上的批示。【复制件】

2. 志愿军空军王海大队击落敌机 20 架、击伤 9 架的战绩统计。抗美援朝战争中，志愿军空军第 3 师第 9 团第 1 大队在大队长王海带领和指挥下，击落、击伤敌机 29 架，创造了志愿军空军大队一级击落、击伤敌机最高纪录，被誉为“英雄的王海大队”。

3. 志愿军独立高炮 11 营 2 连获二等功臣连的战斗事迹。该连 3 班使用苏制 M1939 式 37 毫米高射炮，在开城地区击落美军飞机 10 架，两次荣立三等功。

4. 志愿军 215 号坦克集体荣立特等功纪念。1953 年夏季反击战进攻石岘洞北山的战斗中，志愿军坦克第 4 团先后出动坦克 25 辆次，有力支援了步兵部队攻占和巩固阵地。其中，215 号坦克配合步兵完成 7 次作战任务，共击毁敌重型坦克 5 辆、击伤 1 辆，击毁化学迫击炮 9 门，摧毁地堡 26 个、坑道 1 个，被志愿军总部授予“特等功臣车”称号。

5.1951 年 2 月 7 日，毛泽东关于《志愿军采取轮番作战方针》给周恩来的信。【复制件】为解决志愿军作战与休整的矛盾、坚持长期作战，中央军委提出轮番作战的方针，1951 年 1 月下旬实施轮番作战。

6.1951 年 2 月 8 日，中央军委致彭德怀和第 9 兵团、第 19 兵团以及东北、华北、中南、华东、西北、西南各大军区电，确定在朝鲜采取轮番作战方针。【复制件】

（第六组）

1.1953 年 1 月 16 日，中央军委政治部给志愿军司令部并各大单位的指示电《积极准备坚决粉碎敌人登陆冒险的政治动员要点》。【复制件】志愿军和人民军对东西海岸指挥机构充实调整，进行反登陆作战准备，至 1953 年 4 月底全面完成，彻底解决了后顾之忧。

2.1952 年 12 月 25 日邓华致毛泽东电，汇报为加强海防部署和反登陆作战与金日成会谈情况。【复制件】

3. 志愿军缴获特务的身份证布条、金星钢笔、钢笔式电筒、指北针、陆军情报局谍报派遣证。

（第七组）

4.1953 年 3 月 31 日，第 9 兵团司令员王建安给志愿军第一副司令员邓华的报告，建议发动一次战役反击。【复制件】停战谈判中，美方不接受朝中方面解决战俘问题的新方案，强行扣留人民军被俘人员。为促成停战早日实现，1953 年 4 月底至 5 月初，志愿军党委决定以打促谈，在正面战场举行战役性反击战。

5.1953 年 5 月 16 日，中央军委复志愿军司令部关于夏季反击战役问题的指示。【复制件】1953 年 5 月 13 日至 25 日，志愿军发起夏季反击战役第一阶段的进攻，对敌连排级以下兵力防守的 20 个阵地攻击 29 次，歼敌 4100 余人。

6. 志愿军某师金城战役参战部队战斗部署图。李承晚集团破坏停战谈判达成的遣返战俘协议。为惩罚其破坏行为，志愿军第 20 兵团 5 个军在第 9 兵团 1 个军的配合下，于 1953 年 7 月 13 日至 27 日发起金城战役，突破南朝鲜军 4 个师防守的正面 25 千米的坚固阵地，歼敌 5.3 万余人，收复阵地 178 平方千米。

7. 志愿军缴获南朝鲜首都师第 1 团（白虎团）的“优胜”虎头旗。【一级文物】首都师第 1 团是李承晚集团的精锐部队，号称“白虎团”。1953 年 7 月 13 日夜至 14 日凌晨，志愿军第 203 师第 607 团某侦察排副排长杨育才带领尖刀班向“白虎团”团部发起突袭，击毙其团长，缴获该团团旗。

8. 志愿军缴获美国陆军第 555 榴弹炮营营旗。【一级文物】金城战役中，志愿军第 68 军第 203 师一部在向敌后迂回途中发现美军榴弹炮营，迅速将其切割包围并歼其大部，缴获营旗 1 面、榴弹炮 19 门。

9.1954 年 4 月 17 日，中国人民志愿军司令部政治部颁发给第 68 军第 203 师第 607 团侦察班的特等功纪念证。金城战役中，该班在副排长杨育才率领下，化装成南朝鲜军，巧妙通过南朝鲜军数道哨卡，奇袭南朝鲜首都师第 1 团“白虎团”团部，为第 203 师顺利完成战役第一步任务创造了条件。

专题一 中国人民志愿军思想政治工作

1.志愿军某部的签名党旗。在抗美援朝战争中，志愿军坚持发挥各级党组织作用，深入开展爱国主义教育，广泛开展立功运动和军事民主运动，使全体指战员保持了高度旺盛的士气和战斗精神。

2.志愿军战士写的血书。

3.志愿军使用的乐器。1952年7月，志愿军政治工作会议决定和部署部队开展阵地文化活动和改善物质生活条件，从精神和物质上有力地保证了部队战斗士气的巩固。

4.志愿军一级模范罗盛教获授的朝鲜民主主义人民共和国一级国旗勋章。【一级文物】1952年1月2日，在朝鲜平安南道成川郡石田里，志愿军第47军第141师直属侦察连文书罗盛教为抢救掉入冰窟的朝鲜少年不幸牺牲，被追记特等功，追授“一级爱民模范”荣誉称号。

5.1951年志愿军政治部印制的中英对照参考材料《外俘管理用语》。志愿军有组织有计划地在第一线开展政治攻势，采取投送宣传品和礼品袋、现场广播、释放和优待俘虏等办法，对敌展开政治宣传和瓦解工作。

6.1958年编著的《抗美援朝战争政治工作经验汇编》。

专题二 中国人民志愿军后勤保障工作

1.洪学智撰写的《三年来后勤工作基本总结及今后工作意见的报告（草稿）》。【复制件】抗美援朝战争中，志愿军后勤保障工作彻底打破“小米加步枪、仓库在前方”模式，开始“指挥战斗，组织供应”的现代后勤建设。

2.1951年5月，中央军委关于成立志愿军后方勤务司令部的电文。【复制件】1951 年 5 月 19 日，中央军委决定成立志愿军后方勤务司令部，洪学智兼任司令员。

3. 志愿军后方勤务司令部、政治部编印的《前线后勤》【复制件】。

4. 志愿军一级模范孙凤钜使用的手术器械。第二次战役和第五次战役期间，志愿军第 27 军后勤部第 2 医疗所副所长孙凤钜在时有敌情威胁的情况下，经常日夜不停地工作在手术台上，挽救了许多危重伤员的生命。立特等功，授“一级模范”荣誉称号。

5. 志愿军汽车暂编第一团司令部、政治处奖给杨从芳的保养车辆与安全行车的“万里号”奖旗。杨从芳是志愿军汽车运输部队开展的“万公里安全行车”立功竞赛运动获胜者之一。1951 年 8 月一次执行任务途中，他所在车队在前进道路堵塞时，被 3 架美机临空投下 30 多颗照明弹，车队完全暴露。千钧一发之际，杨从芳在照明弹燃尽瞬间，突然打开车灯拐路引开美机，并巧妙躲开敌机轰炸扫射，保证了所在车队 30 多辆汽车迅速安全转移。

6. 志愿军某部汽车班班长刘铭驾驶的嘎斯 -51 汽车轮胎。从 1952 年 6 月至 1953 年 12 月，刘铭驾车行驶 41000 公里，轮胎被敌机打坏多处，又一次一次补好继续使用，被誉为“长命轮胎”。

专题三 伟大的抗美援朝运动

1.1951 年 10 月，郭沫若、陈叔通、彭真为制发抗美援朝纪念章给毛泽东主席的信。【复制件】抗美援朝纪念章由中国人民政治协商会议全国委员会颁发给参加抗美援朝战争的人员。

2.1953 年 10 月，著名作家老舍作为中国人民第三届赴朝慰问团副团长，赴朝鲜前线慰问和体验生活，写下关于老秃山战斗的报道小说《无名高地有了名》。

3.彭真关于劝阻群众献房产支援抗美援朝一事给李乐光等人的信。【一级文物】这封信是彭真写给北京市委负责同志的，信中明确指出“城市房屋和乡村土地有原则性区别”，目的是劝阻一位叫张司氏的老大娘，她为感谢人民政府将汉奸谭牧耕霸占自己的位于故宫附近的房产物归原主，要把房子捐献出来支援抗美援朝。

4.何香凝签赠给志愿军的画片。1951 年 4 月，全国妇联、文联、美协与北京市文联联合倡导举办“抗美援朝书画义卖会”，年逾七旬的何香凝积极参与书画创作，并给志愿军签赠了众多画片，这幅画片正是其中之一。

第四部分 实现停战 胜利归国

重要展品：

（第一组）

1.朝鲜停战协定签字仪式现场使用的砚台、毛笔、铜笔架、铜镇尺。【一级文物】1953 年 7 月 27 日上午，朝鲜停战协定签字仪式在板门店举行，双方在《关于朝鲜军事停战的协定》和《关于停战协定的临时补充协议》上签字并交换。

2.1953 年 7 月 27 日，金日成和彭德怀联名向朝鲜人民军和中国人民志愿军发布停战命令。【一级文物】

3.朝鲜最高人民会议常任委员会赠予彭德怀的一级国旗勋章、金星奖章。【一级文物】1953 年 7 月 31 日，朝鲜最高人民会议常任委员会将最高荣誉——“朝鲜民主主义人民共和国英雄”称号、金星奖章及一级国旗勋章赠予中国人民志愿军司令员彭德怀。

4.志愿军政治部呈报朝鲜民主主义人民共和国最高人民会议常任委员会授予志愿军一级国旗勋章的名册。

5.1953年9月12日，中央人民政府委员会给中国人民志愿军的慰问电。

（第二组）

1.金日成赠送给邓华的朝鲜民族服装。

2.1954年3月13日，志愿军司令部、政治部印发《关于帮助朝鲜人民恢复与重建工作的指示（草案）》。【复制件】遵照中共中央指示，志愿军在维护停战协定的同时，帮助朝鲜人民修复水利设施、参加季节性农业劳动、修建房舍和公共场所。

3.1954年5月3日，金日成给志愿军铁道兵的感谢信。【复制件】停战协定签订后，志愿军铁道兵就地成立新建铁路指挥局，留在朝鲜修复铁路。

4.朝鲜赠送给帮助修建定州友谊水库志愿军的感谢状、纪念章。

5.1954年6月，志愿军帮助朝鲜人民修复平壤市大同江铁桥复旧工程施工图。大同江铁桥长620米，连接平壤市中区和东区，是朝鲜北部最大的公路桥之一。修桥时正值严冬，志愿军工程兵指战员经过7个月的紧张施工，比原计划提前1个月胜利竣工。

（第三组）

1.1958年2月17日，志愿军总部发表的撤军声明。【复制件】1958年2月19日，中朝两国政府发表联合声明，中国政府承诺志愿军在1958年内分批全部撤出朝鲜。

2.志愿军司令员杨勇、政治委员王平签署的撤军训令。

3.1958年2月20日，志愿军总部发布的第一批撤军计划命令。【复制件】撤军过程中，志愿军各部队充分细致地做好移交工作，圆满达到“交得愉快，接得满意”的要求。

4.1958 年 8 月 25 日，中国驻朝大使馆关于志愿军最后一批撤军公报等事给外交部的电文。【复制件】10 月 26 日，最后一批志愿军指战员乘坐列车驶过凯旋门，胜利回国。

5.1957 年 9 月，彭德怀为志愿军烈士陵园题词。

6.1955 年，朝鲜劳动党中央赠送给志愿军的锦旗。

7.1953 年 8 月，朝鲜平壤市劳动人民赠送给志愿军的锦旗。

8.1955 年 3 月，朝鲜最高人民会议、内阁赠送给志愿军的锦旗。

9.1954 年 1 月，朝鲜人民军最高司令部赠送给志愿军的锦旗。

10. 朝鲜民族保卫省分别赠送给志愿军司令员杨勇、政治委员王平的突击步枪。

11.1953 年 7 月，著名画家徐悲鸿抱病作画，赠送给志愿军一等功臣李泽洪的画作。

12. 中国人民政治协商会议全国委员会、中国人民抗美援朝总会、北京市抗美援朝分会及首都各界人民代表 4500 余人赠送给全体志愿军的锦旗。写有“你们打败敌人，帮助了朋友，保卫了祖国，拯救了和平。你们的勋名万古存！”

13. 台湾民主自治同盟华南总支部赠送给英勇的中国人民抗美援朝志愿军的锦旗。台湾民主自治同盟华南总支部是台盟广东省委员会的最初组织，1950 年 1 月 2 日在广州成立。

专题 最可爱的人

重点展项：以志愿军英模群像雕塑、支援参加抗美援朝的烈士数字197653、英雄模范名录和《英雄传略》，以及在天顶镌刻的英模姓名打造的一个供观众瞻仰致敬、更富有感染力的专题场景。

第五部分 抗美援朝战争胜利的伟大意义和历史贡献

重要展品：

1.罗荣桓的第一届全国人民代表大会代表当选证书、出席证。第一届全国人民代表大会第一次会议于1954年9月15日至28日在北京召开。

2.1956年人民出版社出版的《中国共产党第八次全国代表大会关于政治报告的决议》（简称《决议》）。《决议》宣布，国内的主要矛盾，已经是人民对于建立先进的工业国的要求同落后的农业国的现实之间的矛盾，已经是人民对于经济文化迅速发展的需要同当前经济文化不能满足人民需要的状况之间的矛盾。《决议》提出，党和全国人民的当前的主要任务，就是要集中力量来解决这个矛盾，把我国尽快地从落后的农业国变为先进的工业国。

3.《人民日报》关于我国第一颗原子弹爆炸成功的号外。1964年10月16日，中国第一颗原子弹在新疆罗布泊爆炸成功。中国用事实向世界庄严宣告：中国人民依靠自己的力量，掌握了原子弹技术，打破了超级大国的核垄断。

4.“两弹一星功勋奖章”获奖专家名册。“两弹一星功勋奖章”是中华人民共和国为表彰“两弹一星”事业的23位卓越的科学家，于1999年国庆50周年前夕由中共中央、国务院和中央军委授予的。

专题　不忘初心　牢记使命　永远奋斗

重要展品：

1. 中国人民志愿军抗美援朝出国作战70周年纪念金银币。这套纪念币是中国人民银行为纪念中国人民志愿军抗美援朝出国作战70周年于2020年10月22日发行的，包括金质和银质纪念币各1枚，均为中华人民共和国法定货币。

2. 中国人民志愿军抗美援朝出国作战70周年纪念邮票。该邮票图案以保家卫国的志愿军战士形象为主体，结合“70”“和平鸽”和“橄榄枝”的元素设计，寓意铭记历史、保家卫国、维护和平；邮票背景画面展现了中国人民志愿军跨过鸭绿江奔赴前线英勇作战的场景。

3. 火神山医院为因感染新冠病毒住院治疗的志愿军老兵张兆堂出具的出院证明。志愿军老兵张兆堂17岁赴朝参战，退役后成为武汉市的一名警察，曾在1983年防汛抗灾中荣立三等功。2020年2月10日，感染新冠病毒的张兆堂和老伴转入火神山医院后，在军队医护人员的努力下病情一步步好转，3月11日他和老伴一起康复出院。

4. 军队支援湖北医疗队火神山医院一线医护人员的抗疫日记本。在火神山医院，军队支援湖北医疗队坚决落实习近平总书记重要指示，在荆楚大地抗疫一线奏响了一曲英雄壮歌。

5.2013年以来由韩方移交的部分中国人民志愿军烈士遗物（沈阳抗美援朝烈士陵园提供）。至2022年10月，中韩双方已连续9年共同实施在韩中国人民志愿军烈士遗骸交接，将913位烈士遗骸接回祖国。

值得一提的是，本次主题展览中展出的文物是从逾万件馆藏文物中经过多轮次精心挑选而来的，近千件的首展和相当数量的一级文物共同展出创造了历次主题展览之最。我们在遴选重点文物时，选取了最有代表性的

图 2-1 军博外景

部分英模相关文物，也遴选了最能够真实反映战争原貌的关键档案文献。限于当年中央领导同志和志愿军首长之间的往来文电原件由中央档案馆和解放军档案馆永久保管，复制利用有严格的规定，我们在筹展之初花费大量精力梳理了档案需求清单，经过严格的审批后才拿到相关档案的复制件，它们虽然不是原件，但所反映的内容信息和历史价值是与原件一致的。

“铭记伟大胜利 捍卫和平正义——纪念中国人民志愿军抗美援朝出国作战 70 周年主题展览”外景及展厅见图 2-1 至图 2-10。

图 2-2 展厅（1）

图为志愿军沿清川江前进。

图 2-3 展厅（2）（上）
图 2-4 展厅（3）（下）

图 2-5　展厅（4）（上）
图 2-6　展厅（5）（下）

197653

杨根思烈士陵园

图 2-7 展厅（6）（左页上）
图 2-8 展厅（7）（左页下）
图 2-9 展厅（8）（右页）

師
團
兵團
第七團

图 2-10　百面番号旗阵景观

三、展厅解析

（一）空间概览

展览布局在3个展厅，面积分别为1270平方米、960平方米、920平方米，另2、3两厅间通道237平方米，呈现L形，流线为顺时针口袋式，同一门口进出。充分发挥好军博展厅空间高阔的优势，组织全新的、多样化的展览空间，营造“抗美援朝、保家卫国”壮丽的时空走廊，沿展厅外沿搭建气势宏伟的主展线。主展线以历史照片、图表、文物展品、视频影像为主，放在顺时针靠墙一侧；展厅中心地带以主题造型、雕塑、多种媒体的历史场景为主，兼有少量正常展线，主辅展线互相呼应，自然衔接，形成抗美援朝主题激动人心的沉浸式历史空间。使用多组展览造型、艺术景观、组合式吊顶、大型浮雕墙等空间结构，与军博高阔的空间结合，搭建成雄伟壮观的“抗美援朝精神”的结构空间。如利用展厅入口两侧柱子设计制作的半面圆形和党徽吊顶式序厅，1厅中央的中国人民志愿军旗阵吊顶与半岛地图组合场景，2厅南侧的大型组合雕塑志愿军冰雕连与多媒体场景，3厅主线的上壁饰型展柜“坑道作战”，3厅中岛区域的大型多媒体场景“上甘岭战斗”，3厅底部的主辅线组合造型“空中拼刺刀”，3厅的大型裸展台“缴获美军武器台”，2厅的志愿军凯旋门，1厅的组合式艺术造型“最可爱的人”，序厅后背弧主题雕塑“捍卫和平”，等等。这些大型空间展示结构在军博三个展厅内贯穿起以文物、图片、文字、视频为主体的主展线，形成了志愿军抗美援朝蔚为壮观的空间语境。这些场景以多组英雄形象和强烈的视觉冲击力，配以动感的视频影像，使展厅内高潮迭起，形成了激动人心的沉浸式展览语境，也形成了多组爱国主义教育的“情景课堂”。

（二）总体设计构思

依据展览陈列大纲内容指导思想，以弘扬爱国主义精神和革命英雄主义精神为主题，全面展示中国共产党领导抗美援朝战争的光辉历程，力求通过多元素、多信息、多形式相结合的现代设计理念，生动展示出中国人民志愿军的英雄事迹和革命精神，着力宣扬伟大的抗美援朝精神。

设计方案中强调主要设计元素与所要表现的时代信息相契合，注重展示艺术的感染力；合理运用概念化、人性化的展示语言与景观场景、新媒体技术等，使展览更具代入感、故事性，突显展览的历史意义和时代精神。

色彩调性：通过对已有的抗美援朝经典艺术作品的色彩分析和提取，确定了展览大的色彩基调（图 2-11），整体色彩以黄色和草绿书写历史的厚重，以红色渲染人民军队志愿军指战员的伟大斗争，以金色承载党的领导动员起来的人民的力量。

设计元素：通过对抗美援朝历史信息的分析研究，提取设计相关的元素（图 2-12），包括军服、装备、铁桥、鸭绿江、战旗、坑道、战场等，作为展览视觉设计的基础，抓住抗美援朝战争"敌强我弱"的特点（如冬季作战、山地作战等）。深刻理解毛主席说的"敌人钢多气少，我们钢少气多"，突出抗美援朝元素。

（三）平面布局设计及解析

展览充分结合军博场地的现状条件、空间结构（图 2-13），发挥场地优势，结合展览大纲的框架内容，做到展览层次分明、动线流畅、重点亮点突出，既能满足广大观众的参观需求，又有利于特殊群体的观摩学习。在充分利用展厅原有空间基础上，展览空间布局考虑观众最大容积量，以空间通透、结构简洁明了的形式为

通过对抗美援朝经典艺术品的色彩分析，
确定了展览的大的色彩基调

图 2-11　展览的总体色彩分析

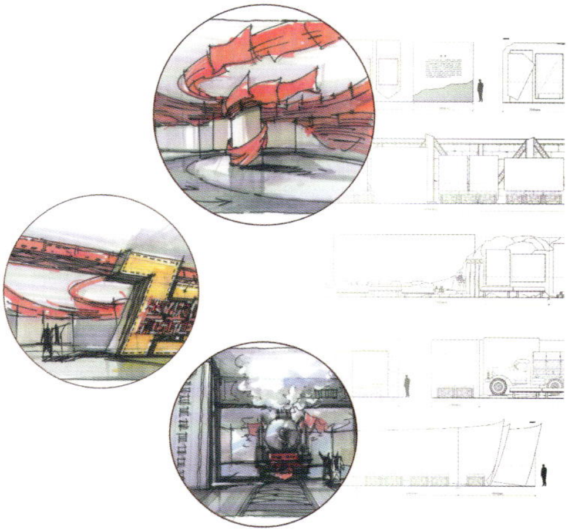

通过历史信息提取设计元素：军服、装备、铁桥、鸭绿江、战旗、坑道、战场

图 2-12　展览的设计元素分析

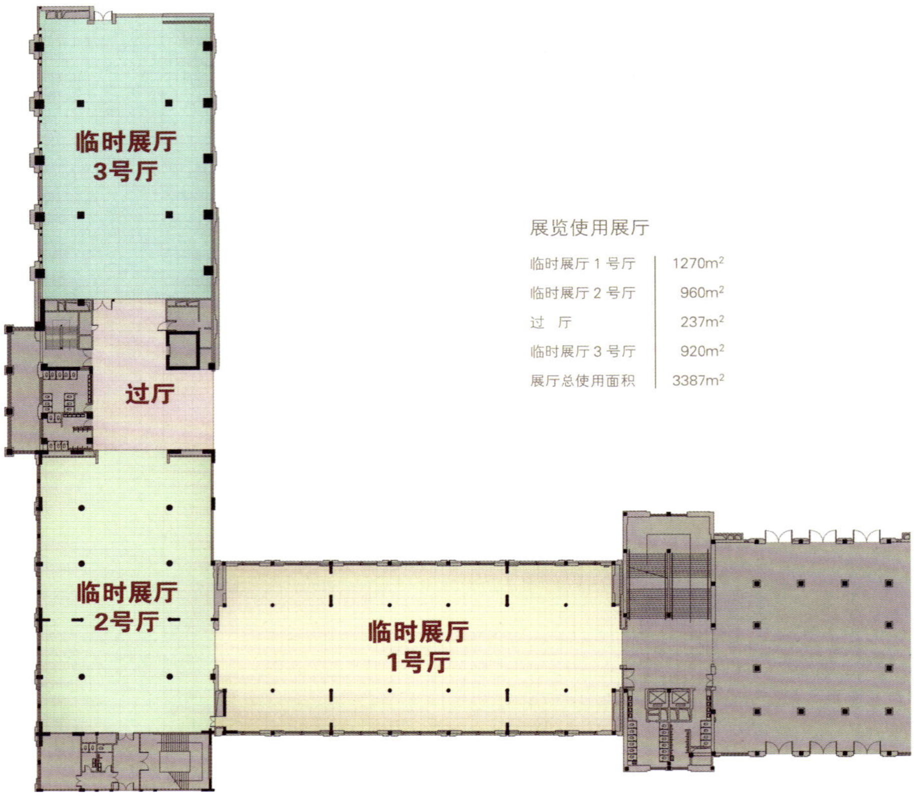

展览使用展厅

临时展厅 1 号厅	1270m^2
临时展厅 2 号厅	960m^2
过　厅	237m^2
临时展厅 3 号厅	920m^2
展厅总使用面积	3387m^2

图 2-13　军事博物馆西侧展厅基本情况

主。在内容设计和形式设计过程中，平面布局根据内容的调整进行了多次调整完善（图 2-14、图 2-15、图 2-16），每版平面布局设计的重点和主题略有不同，最终版（图 2-17）的平面布局与内容大纲的对应关系分别为：第 1 展厅前段为序厅、中后段外侧为第一单元“正义担当　决策出兵”和第二单元“运动歼敌　稳定战线”的前两组；第 2 展厅外侧为第二单元的其他内容，第 2 和第 3 展厅过道和第 3 展厅外侧至内侧一半外为第三单元“以打促谈　越战越强”；第 3 展厅内侧后三分之二依次为“中国人民志愿军思想政治工作”“中国人民志愿军后勤保障工作”；第 2 和第 3 展厅过道内侧为“伟大的抗美援朝运动”；第 2 展厅内侧为第四单元“实现停战　胜利归国”；第 1 展厅迎面前端为“最可爱的人”，内侧依次是第五单元“抗美援朝战争胜利的伟大意义和历史贡献”和“不忘初心　牢记使命　永远奋斗”。

（四）参观动线设计及解析

结合展厅实际、内容大纲和形式设计等内容，并充分考虑到观众的参观习惯，用合理的展览语言搭建主展线与辅展线，呈现抗美援朝时期壮怀激烈的历史时空。以抗美援朝时期的背景图像和场景作为衬景，用组合图像、壁饰景观、影像视频增加版面视觉效果，用高清照片、立体文字、电动地图与图表，结合文物组合增加展览的生动性与真实性。凸显文物在展览中的崇高位置，文物展品柜与文物展台形态简洁，展柜分为纸质文物展柜、立体文物展柜、综合展柜、武器柜、武器展台等。针对每一件文物度身定做文物道具。强调文物与图像的紧密结合、有机互动、构图完美，形成中国人民志愿军抗美援朝历史生动自然的叙事空间。创作及复制部分艺术作品，完善展览的叙事结构，营造展览亮点和观众驻足点。

根据展厅空间布局合理组织参观动线，采用顺时针的单循环路线，同口进同口出的参观动线，展线总长度 500 余米，参观动线合理流畅。其中第一部分

白虎团指挥部复原
专题一 中国人民志愿军思想政治工作
缴获美军武器装备陈列
上甘岭阵地沙盘
上甘岭坑道及坑道
外战壕景观复原
专题二 中国人民志愿军后勤保障工作
模拟攻占敌人阵地VR体验区
志愿军在坑道中使用
的物品密集陈列
专题三 伟大的抗美援朝运动
运输卡车轮胎特装展示
赴朝慰问美术作品
坑道内环境造型墙
抗美援朝歌曲点播系统
专题 最可爱的人
最可爱的人——功臣名录墙
第三单元 以打促谈 越战越强
最可爱的人雕塑
第四单元 实现停战 胜利归国
凯旋门特装造型
锦旗空中悬挂密集展示
第五单元 抗美援朝战争胜利
的伟大意义和历史贡献
经典抗美援朝电影播放系统
专题 不忘初心、牢记
使命 永远奋斗
结束语
序厅 飘扬的旗帜
LED多媒体螺旋形特装
馆标造型柱
英雄部队军旗展示
鏖战长津湖景观多媒体演示
油画《决战松骨峰》
第二次战役机器人讲解系统
第二次战役下沉式地台沙盘
英雄部队军旗展示
第一次战役立式沙盘展示
及中美单兵装备对比
油画《决策出兵》
前言
鸭绿江断桥特装造型
第二单元 运动歼敌 稳定战线
第一单元 正义担当 决策出兵
灯箱特装五代领导人照片

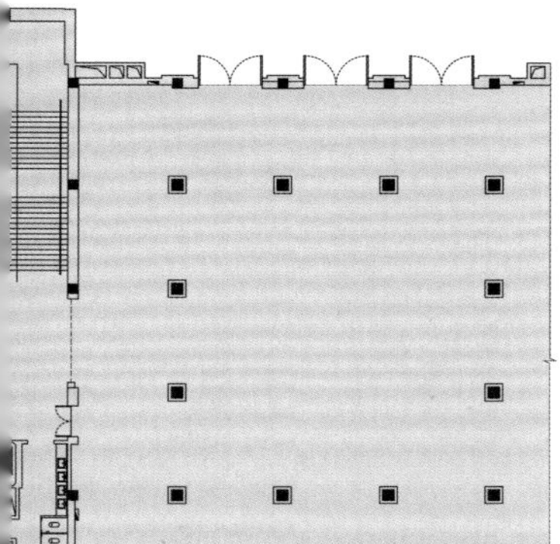

图 2-14 平面布局方案之一

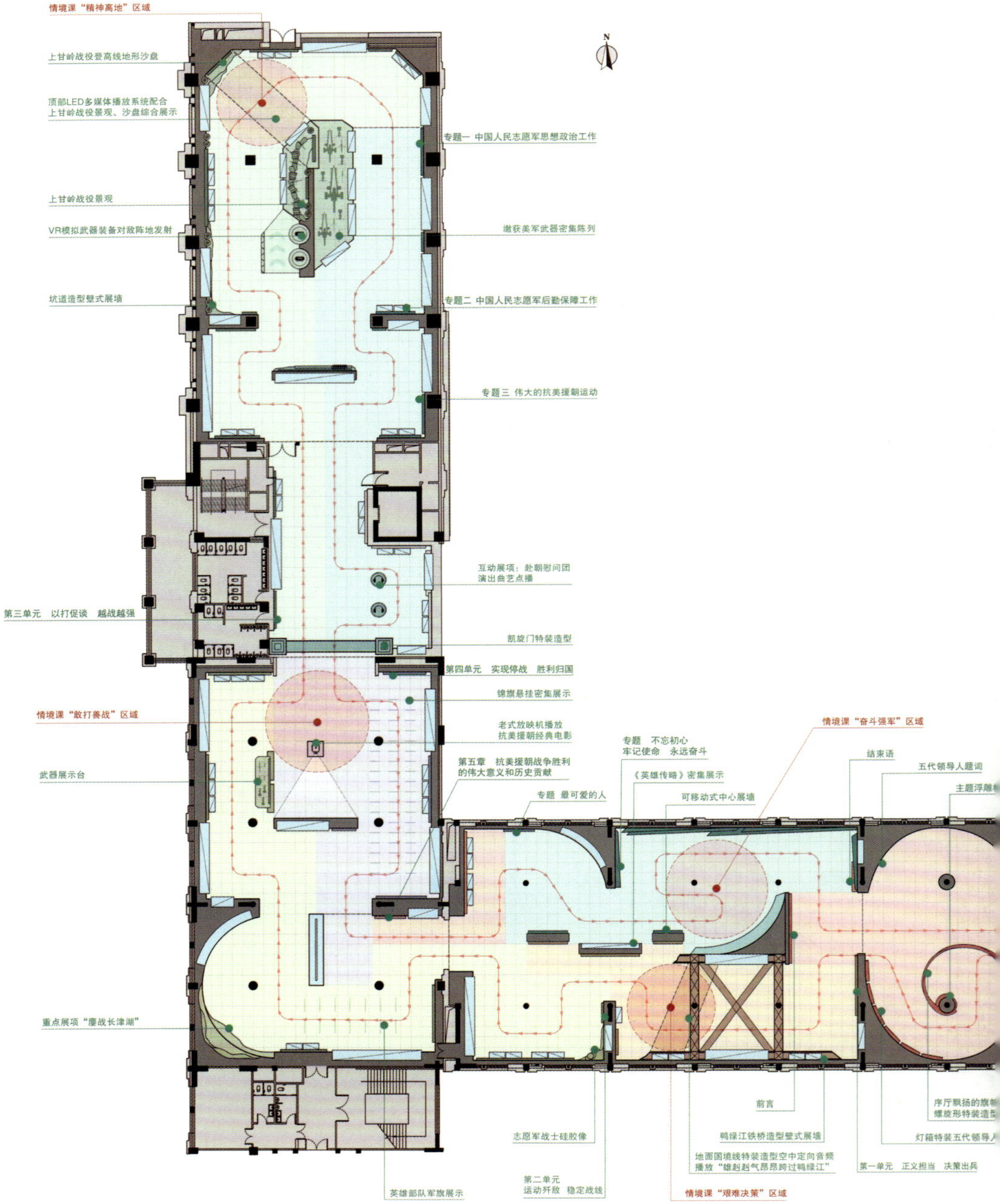
情境课“精神高地”区域
上甘岭战役登高线地形沙盘
顶部LED多媒体播放系统配合
上甘岭战役景观、沙盘综合展示
专题一 中国人民志愿军思想政治工作
上甘岭战役景观
VR模拟武器装备对敌阵地发射
缴获美军武器密集陈列
坑道造型壁式展墙
专题二 中国人民志愿军后勤保障工作
专题三 伟大的抗美援朝运动
互动展项：赴朝慰问团
演出曲艺点播
第三单元 以打促谈 越战越强
凯旋门特装造型
第四单元 实现停战 胜利归国
锦旗悬挂密集展示
情境课“敢打善战”区域
老式放映机播放
抗美援朝经典电影
第五章 抗美援朝战争胜利
的伟大意义和历史贡献
武器展示台
专题 最可爱的人
专题 不忘初心
牢记使命 永远奋斗
《英雄传略》密集展示
可移动式中心展墙
情境课“奋斗强军”区域
结束语
五代领导人题词
主题浮雕
重点展项“鏖战长津湖”
前言
序厅飘扬的旗
螺旋形特装造
志愿军战士硅胶像
鸭绿江铁桥造型壁式展墙
灯箱特装五代领导
地面国境线特装造型空中定向音频
播放“雄赳赳气昂昂跨过鸭绿江”
第一单元 正义担当 决策出兵
第二单元
运动歼敌 稳定战线
英雄部队军旗展示
情境课“艰难决策”区域

序 厅	40 m
前 言	7 m
第一单元 正义担当 决策出兵	58 m
第二单元 运动歼敌 稳定战线	112 m
第三单元 以打促谈 越战越强	100 m
专题一 中国人民志愿军思想政治工作	18 m
专题二 中国人民志愿军后勤保障工作	25 m
专题三 伟大的抗美援朝运动	42 m
第四单元 实现停战 胜利归国	53 m
第五单元 抗美援朝战争胜利的伟大意义和历史贡献	19 m
专题 最可爱的人	38 m
专 题 不忘初心 牢记使命 永远奋斗	32 m
结束语	3 m
总展线	547m

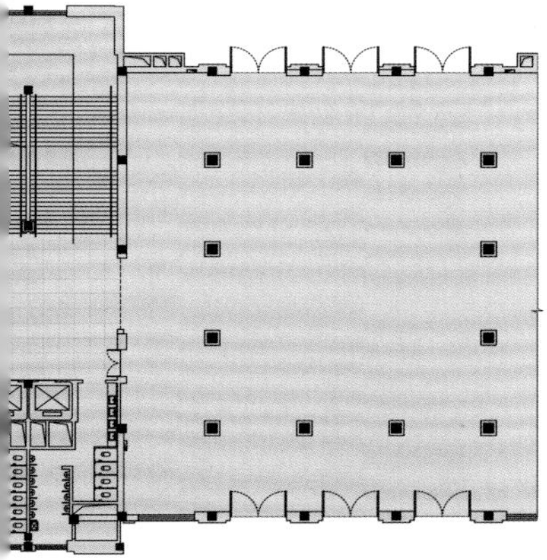

图 2-15 平面布局方案之二

情境课 第三节 钢少气多、血战到底的战斗意志
N
专题一 中国人民志愿军思想政治工作
专题二 中国人民志愿军后勤保障工作
专题三 伟大的抗美援朝运动
第三单元 以打促谈 越战越强
第四单元 实现停战 胜利归国
情境课 第四节
第五单元 抗美援朝战争胜利的伟大意义和历史贡献
专题 最可爱的人
结束语
专题 不忘初心 牢记使命 永远奋斗
情境课 第二节
灵活机动、敢打善战的制胜能力
第一单元 正义担当 决策出兵
第二单元 运动歼敌 稳定战线
情境课 第一节 不畏强敌、敢于斗争的革命胆略

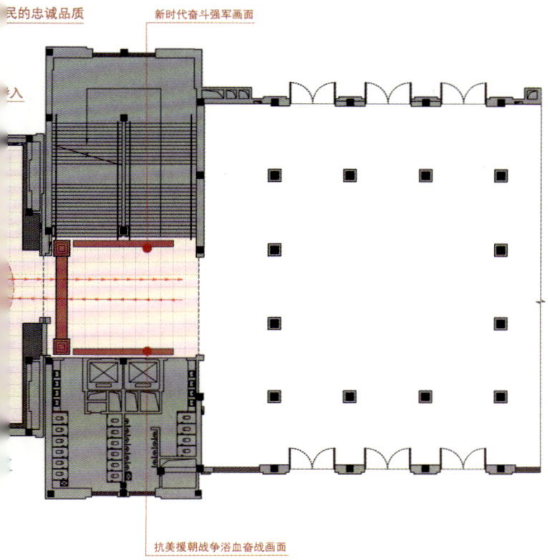

图 2-16 平面布局方案之三

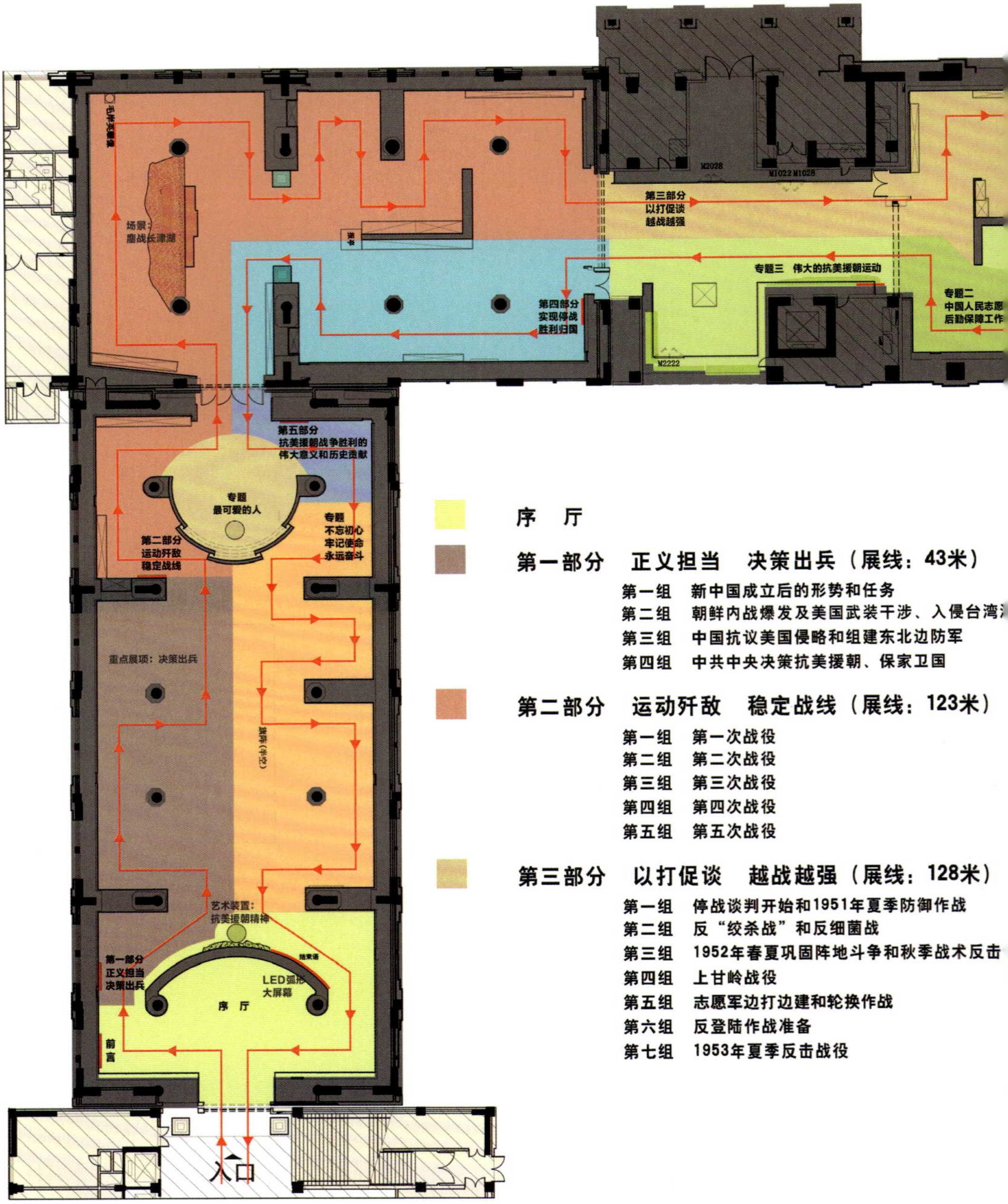
毛岸英雕像
场景：
鏖战长津湖
第三部分
以打促谈
越战越强
M2028
M1022 M1028
专题三 伟大的抗美援朝运动
专题二
中国人民志愿
后勤保障工作
第四部分
实现停战
胜利归国
M2222
第五部分
抗美援朝战争胜利的
伟大意义和历史贡献
专题
最可爱的人
专题
不忘初心
牢记使命
永远奋斗
第二部分
运动歼敌
稳定战线
重点展项：决策出兵
艺术装置：
抗美援朝精神
结束语
第一部分
正义担当
决策出兵
LED弧形
大屏幕
序 厅
前言
入口
序 厅
第一部分 正义担当 决策出兵（展线：43米）
第一组 新中国成立后的形势和任务
第二组 朝鲜内战爆发及美国武装干涉、入侵台湾
第三组 中国抗议美国侵略和组建东北边防军
第四组 中共中央决策抗美援朝、保家卫国
第二部分 运动歼敌 稳定战线（展线：123米）
第一组 第一次战役
第二组 第二次战役
第三组 第三次战役
第四组 第四次战役
第五组 第五次战役
第三部分 以打促谈 越战越强（展线：128米）
第一组 停战谈判开始和1951年夏季防御作战
第二组 反“绞杀战”和反细菌战
第三组 1952年春夏巩固阵地斗争和秋季战术反击
第四组 上甘岭战役
第五组 志愿军边打边建和轮换作战
第六组 反登陆作战准备
第七组 1953年夏季反击战役

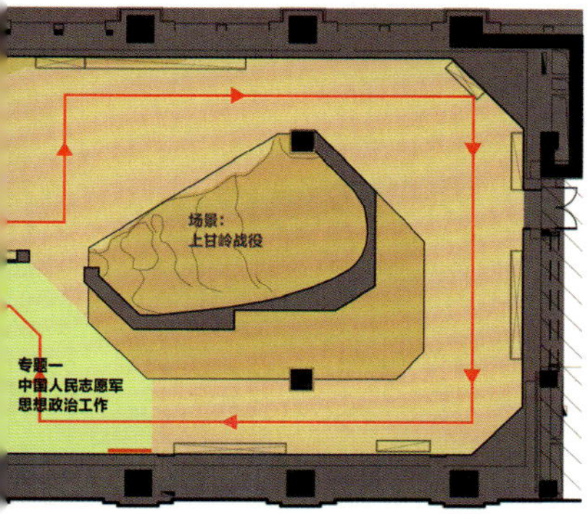

专题一　中国人民志愿军思想政治工作（展线：28米）

专题二　中国人民志愿军后勤保障工作（展线：21.4米）

专题三　伟大的抗美援朝运动（展线：35米）

第四部分　实现停战　胜利归国（展线：47.5米）

第一组　签订停战协定
第二组　帮助朝鲜医治战争创伤
第三组　凯旋回国

专题　最可爱的人（展线：12米）

第五部分　抗美援朝战争胜利的伟大意义和历史贡献（展线：14米）

第一组　极大地提高了中国的国际地位
第二组　为新中国赢得了和平建设的环境
第三组　人民军队经历了现代战争的洗礼

专题　不忘初心　牢记使命　永远奋斗（展线：54米）

图 2-17　平面布局方案之四（最终版）

“正义担当　决策出兵”展线长度为 43 米；第二部分“运动歼敌　稳定战线”展线长度为 123 米；第三部分“以打促谈　越战越强”展线长度为 128 米；专题一“中国人民志愿军思想政治工作”展线长度为 28 米；专题二“中国人民志愿军后勤保障工作”展线长度为 21.4 米；专题三“伟大的抗美援朝运动”展线长度为 35 米；第四部分“实现停战　胜利归国”展线长度为 47.5 米；专题“最可爱的人”展线长度为 12 米；第五部分“抗美援朝战争胜利的伟大意义和历史贡献”展线长度为 14 米；专题“不忘初心　牢记使命　永远奋斗”展线长度为 54 米。

在动线分析与设计过程中，我们充分预见到了展览开幕后观众参观的热情，严格遵循消防疏散的国标，即最小流线宽度不能小于 3 米，认真预判可能的堵点和拥挤点，再反过来约束内容设计特别是有边带角的造型设计、展厅位置等，从而确保流线设计落地后的人性化和体验舒适性。事实证明，我们的这一考虑是非常周全的。展览开幕后，在防疫状态下，3300 平方米的展厅每天高峰参观量达 1.2 万人，按参观 1 个小时计，同时在展厅的人数高峰最大值接近 2000 人，但未发生任何拥堵和观众安全事故。

（五）重点展项设计及解析

展览以突出图文、展品、视频的信息为基础，以密集陈列形式为主，以图叙史，以物证史，并通过形式设计渲染氛围，抓住历史时期的特点，将内容与形式完美结合。重点展项是设计的重点和亮点，也是观众参观的驻足点，以大型景观场景和艺术化的展陈手段为主要形式。展览精心设计了开幕式门头（图 2-18、图 2-19、图 2-20），以及各单元门头（图 2-21）。从序厅开始，依次设计决策出兵、

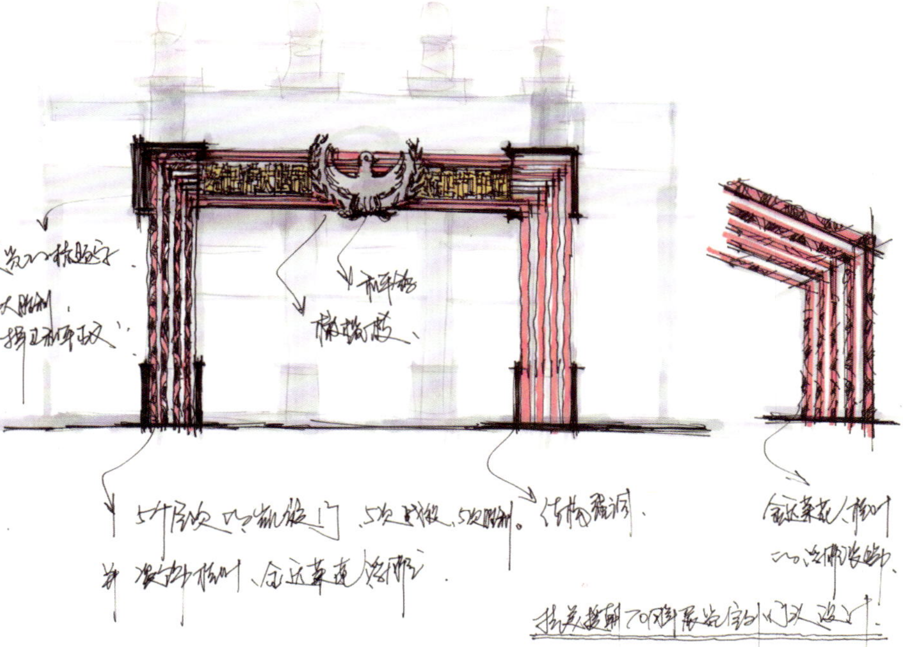

图 2-18　开幕式门头设计手稿（上）
图 2-19　开幕式门头设计方案过程稿（中）
图 2-20　开幕式门头设计最终方案（下）

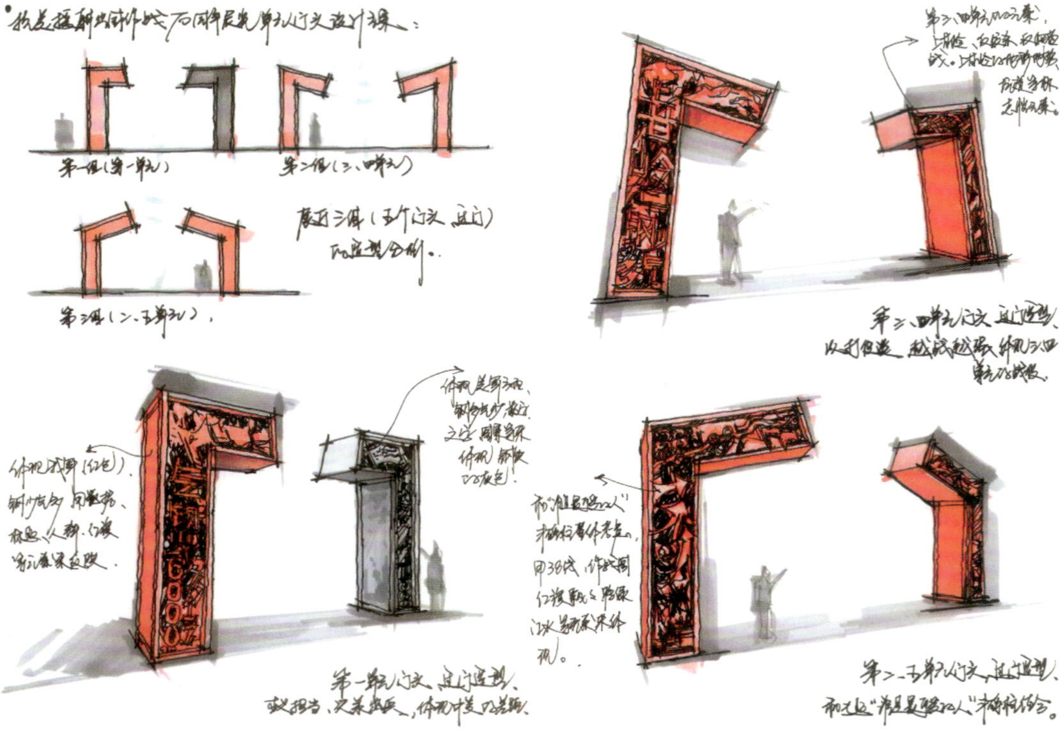

图 2-21 各单元门头概念设计手稿

旗阵、最可爱的人、鏖战长津湖、胜利归国、上甘岭战役、抗美援朝精神等重点展项（图2-22、图2-23、图2-24）。

重点展项1：序厅空间　序厅设置于展厅入门南侧。主体巧妙地利用了迎门的两个柱子，设计制作成迎门长15米的弧形影壁展墙，漆以红色，左侧依次设置毛泽东、邓小平、江泽民、胡锦涛、习近平巨幅灯箱照片和他们论述抗美援朝战争的文字，气势恢宏、庄重威严；右侧展示了抗美援朝的主题视频（图2-25）。5位国家领导人的位置关系，学习借鉴了2019年北京展览馆举办的国庆70周年主题展的设计模式。

重点展项2：旗阵与半岛地图　为志愿军全部参战陆军、空军等军兵种相应级别的单位统一设计制作一面竖幅旗帜，恰好共100个单位100面旗帜，悬挂在1厅中央空中，形成具有强烈视觉冲击力的旗帜方阵（图2-26、图2-27）。下方为半岛巨幅地图，与顶部旗阵交互映衬。最初设计时，有各种声音要将这一区域通过地面高柜或高雕塑方式隔离开来，避免“口袋式”流线的进与出的“穿帮”，但经过力争，我们还是采用了这一设计方案，再与序厅后的“捍卫和平”雕塑、“最可爱的人”场景后的巨幅“中国人民志愿军”军旗前后呼应，形成了非常壮观震撼的视觉效果。但存在的遗憾是，原初的地面朝鲜半岛巨幅地图的设计，是想做一个大型LED屏，播放按日变化的抗美援朝战争推演态势片。由于种种原因，这一方案未能实现。

重点展项3：鏖战长津湖景观　复原冰天雪地、极度严寒的长津湖死鹰岭战斗现场，设置一组潜伏在雪地战壕的志愿军战士的雕像，同时设置多媒体影像特效，表现残酷的作战场景，突出了志愿军在最恶劣环境下战胜极度严寒天气、视死如归的英雄气概。本场景沿主展线设置，与图文、展品融为一体，节省展览空间，为广大观众留下更宽阔的参观场地（图2-28、图2-29、图2-30）。

重点展项4：上甘岭战役坑道作战大型景观　上甘岭战役是本次展览的主要亮点，制作上甘岭的坑道、阵地场景和敌方阵地等实景，模拟作战场景，同时在前景展柜内密集陈列中国人民志愿军在坑道中使用的武器、物品，挖坑道用的铁锤、钢钎、十字镐、锹等（图2-31）。用投影仪合成出巨大的影像，动态地覆盖在上甘岭

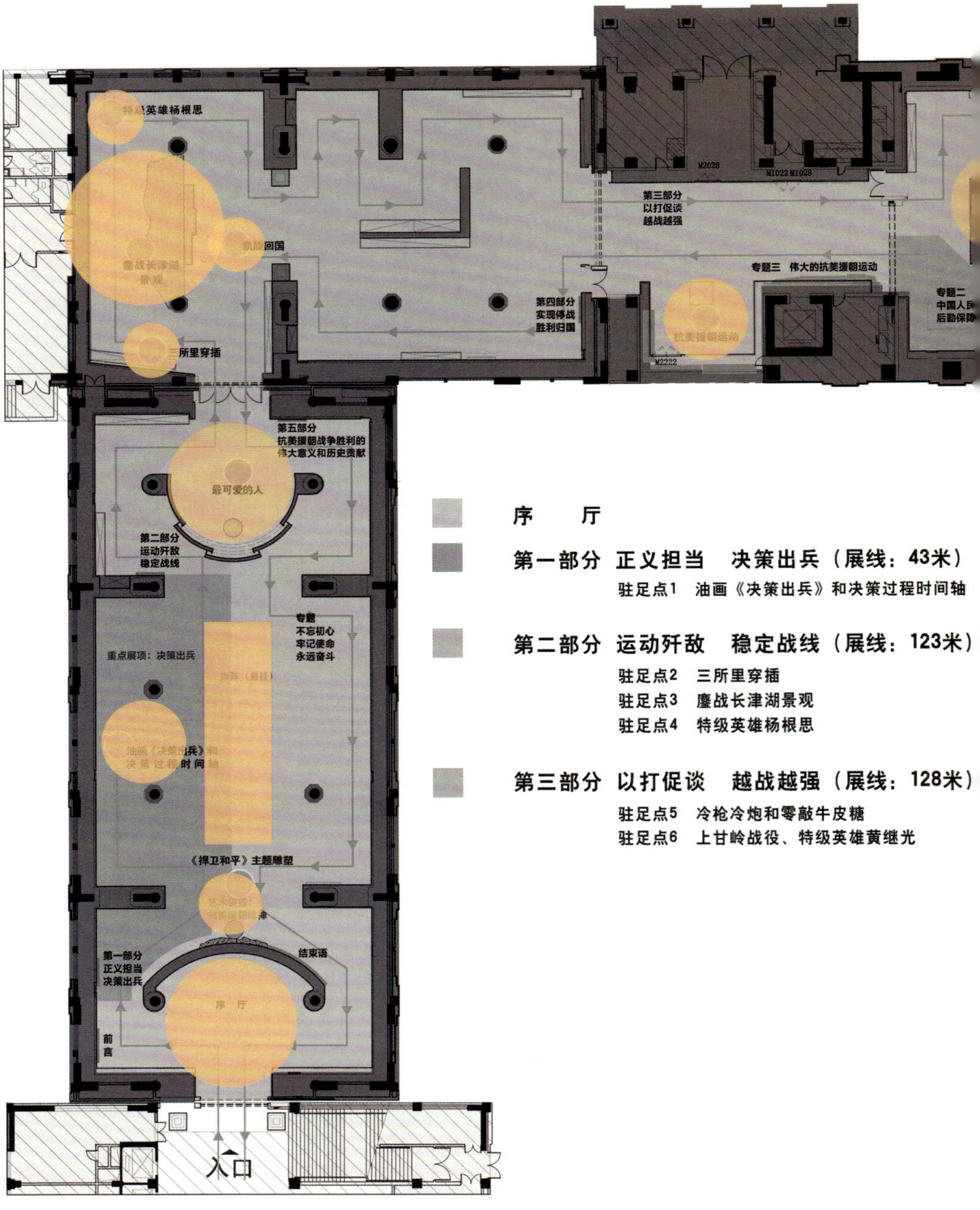

序　　厅

第一部分　正义担当　决策出兵（展线：43米）

驻足点1　油画《决策出兵》和决策过程时间轴

第二部分　运动歼敌　稳定战线（展线：123米）

驻足点2　三所里穿插

驻足点3　鏖战长津湖景观

驻足点4　特级英雄杨根思

第三部分　以打促谈　越战越强（展线：128米）

驻足点5　冷枪冷炮和零敲牛皮糖

驻足点6　上甘岭战役、特级英雄黄继光

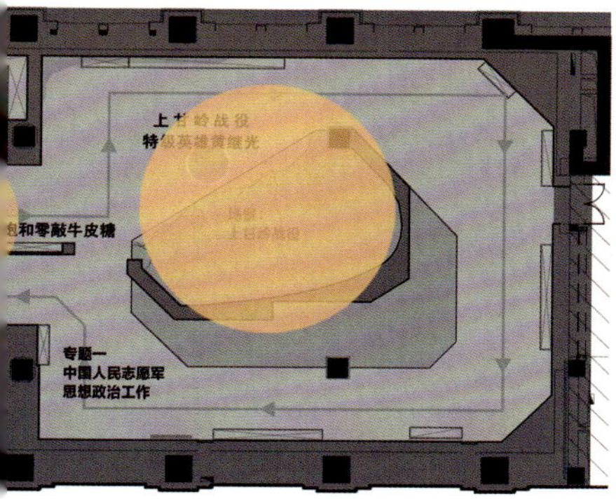

专 题 一　中国人民志愿军思想政治工作（展线：28米）

专 题 二　中国人民志愿军后勤保障工作（展线：21.4米）

专 题 三　伟大的抗美援朝运动（展线：35米）

驻足点7　抗美援朝运动

第四部分　实现停战　胜利归国（展线：47.5米）

驻足点8　凯旋回国

专　　题　最可爱的人（展线长度：12米）

驻足点9　最可爱的人

第五部分　抗美援朝战争胜利的伟大意义和历史贡献（展线长度：25米）

专　　题　不忘初心　牢记使命　永远奋斗（展线长度：32.6米）

结 束 语

驻足点10　《捍卫和平》主题雕塑

图 2-22　重点展项分布

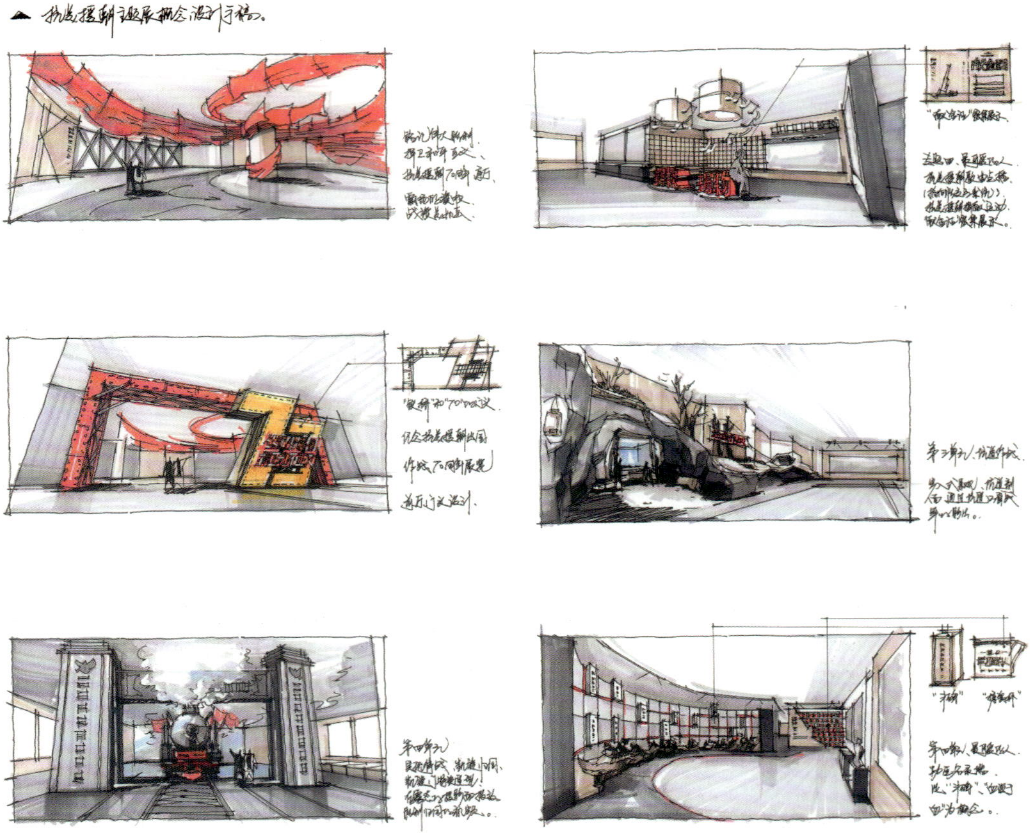

图 2-23 部分重点展项概念设计手稿

序厅空间概念设计方案

专题三伟大的抗美援朝运动设计方案

展厅门头主题造型设计方案

第三部分坑道展墙效果

第四部分凯旋门特装设计方案

专题 最可爱的人设计方案

图 2-24 部分重点展项概念设计效果

图 2-25　重点展项“序厅空间”概念设计方案

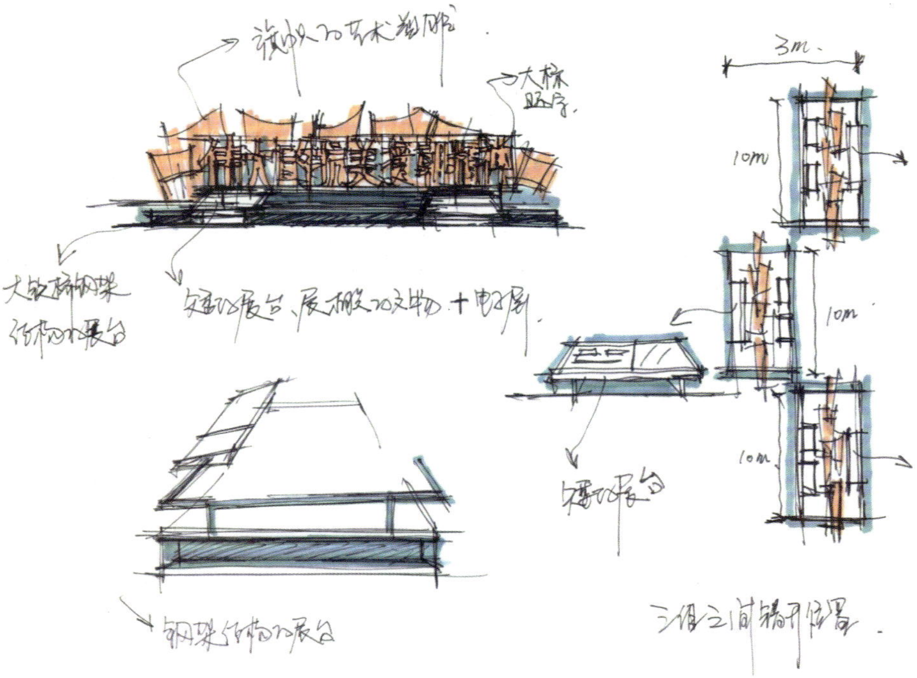

图 2-26　重点展项“旗阵”设计效果（上）
图 2-27　重点展项“旗阵”概念设计手稿（下）

图 2-28　重点展项“鏖战长津湖”概念设计方案（上）
图 2-29　重点展项“鏖战长津湖”修改设计方案（下）

图 2-30　重点展项“鏖战长津湖”雕塑泥稿（上）

图 2-31　重点展项“上甘岭坑道作战大型景观”概念设计手稿（下）

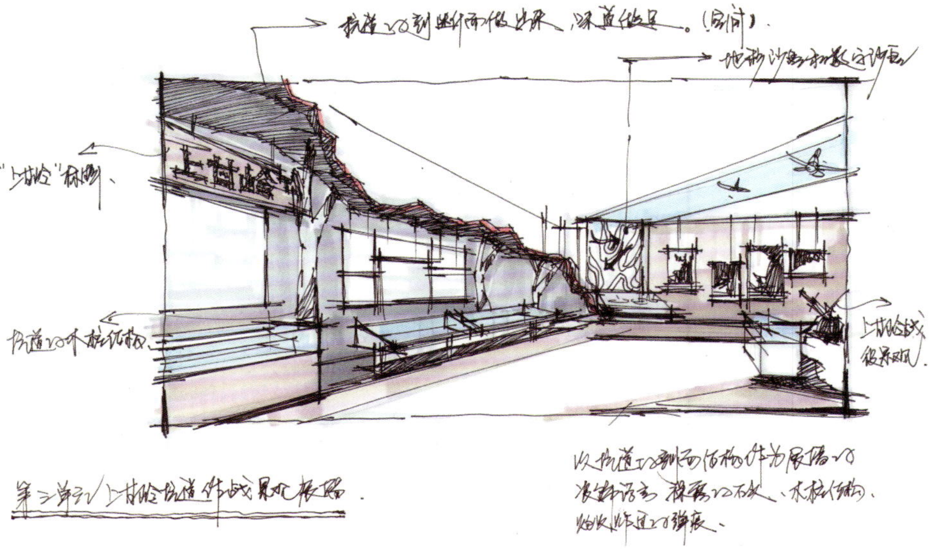

场景与背景画面上，视频、音频及实景融为一体，产生巨大的震慑力，使观众如同置身在上甘岭战役悲壮、激昂的战场上，歌颂志愿军指战员视死如归的英雄主义精神。

重点展项5： 最可爱的人　巧妙地结合场地现有的柱子设计出一个半围合的空间，中央部分按不同层次设计制作了高中低三层志愿军官兵的浮雕陈列，左右两侧展示抗美援朝英模功臣和团以上牺牲烈士名录墙，密集陈列中国人民志愿军司令部和政治部制《英雄传略》700余册，将部分英模功臣的名字体现在天花板中，犹如闪烁的繁星，象征精神永不磨灭。地面的卧碑上醒目的数字197653代表牺牲的抗美援朝烈士，大面积红色和金色的颜色搭配，使得空间庄重、具有强烈浓重的纪念感和神圣感（图2-32）。

重点展项6："捍卫和平"雕塑和抗美援朝精神　在结尾处以浮雕（高浮雕）的形式，展现抗美援朝志愿军托起儿童的形象。雕塑由圆雕和浮雕两部分组成，中间雕塑表现一位年轻的志愿军战士，右手持枪，左手抱起一位朝鲜小姑娘，矗立在一块巨石上，俯视群山，朝鲜小姑娘欢快地举起双手，放飞和平鸽。高浮雕由一面巨大的军旗造型构成，右面表现志愿军和朝鲜人民军并肩战斗、英勇无畏的革命精神，左面表现祖国人民踊跃参加志愿军、朝鲜人民热烈欢迎志愿军的情景。雕塑采用浪漫主义和现实主义结合的手法，形象生动，造型准确，高度概括，具象化了"抗美援朝精神"（图2-33、图2-34）。

此外，还有鸭绿江铁索桥（图2-35、图2-36）、缴获武器模型台（图2-37、图2-38）等重要展项。

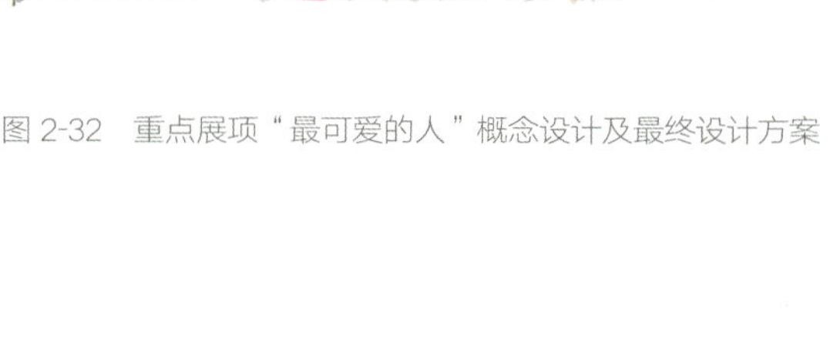

专题四最可爱的人设计方案

图 2-32　重点展项“最可爱的人”概念设计及最终设计方案

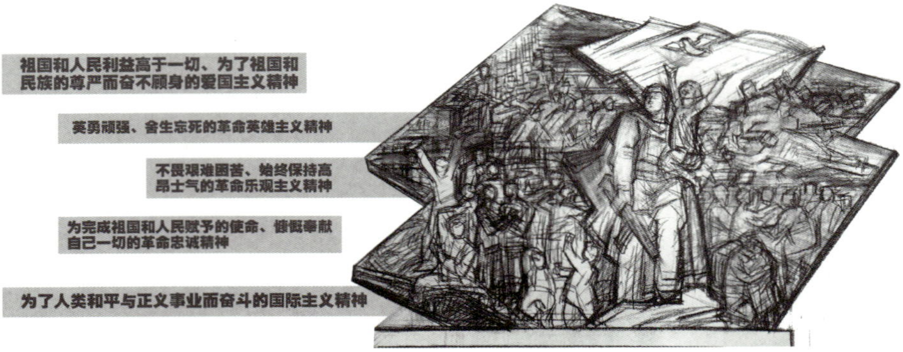
祖国和人民利益高于一切、为了祖国和民族的尊严而奋不顾身的爱国主义精神
英勇顽强、舍生忘死的革命英雄主义精神
不畏艰难困苦、始终保持高昂士气的革命乐观主义精神
为完成祖国和人民赋予的使命、慷慨奉献自己一切的革命忠诚精神
为了人类和平与正义事业而奋斗的国际主义精神

5000mm
4000mm
200
结束语
纪念抗美援朝战争胜利，是为了更好地汲取历史经验，获得现实和长远的教益。让我们永远铭记以毛泽东同志为代表的老一辈无产阶级革命家和中国人民志愿军建立的不朽功勋，牢记抗美援朝战争的重大意义和深远影响，大力弘扬伟大的抗美援朝精神和民族精神，更加紧密地团结在以习近平同志为核心的党中央周围，增强“四个意识”、坚定“四个自信”、做到“两个维护”，贯彻军委主席负责制，牢记初心使命、坚定必胜信念，发扬斗争精神、增强斗争本领，为决胜全面建成小康社会、夺取新时代中国特色社会主义伟大胜利、实现中国梦强军梦不懈奋斗，为维护世界和平正义、推动构建人类命运共同体作出更大贡献！
祖国和人民利益高于一
为了祖国和民族的尊严
不顾身的爱国主义精神
英勇顽强、舍生忘死的
英雄主义精神

图 2-33 重点展项“捍卫和平雕塑和抗美援朝精神”设计手稿（上）
图 2-34 重点展项“捍卫和平雕塑和抗美援朝精神”设计效果图（下）

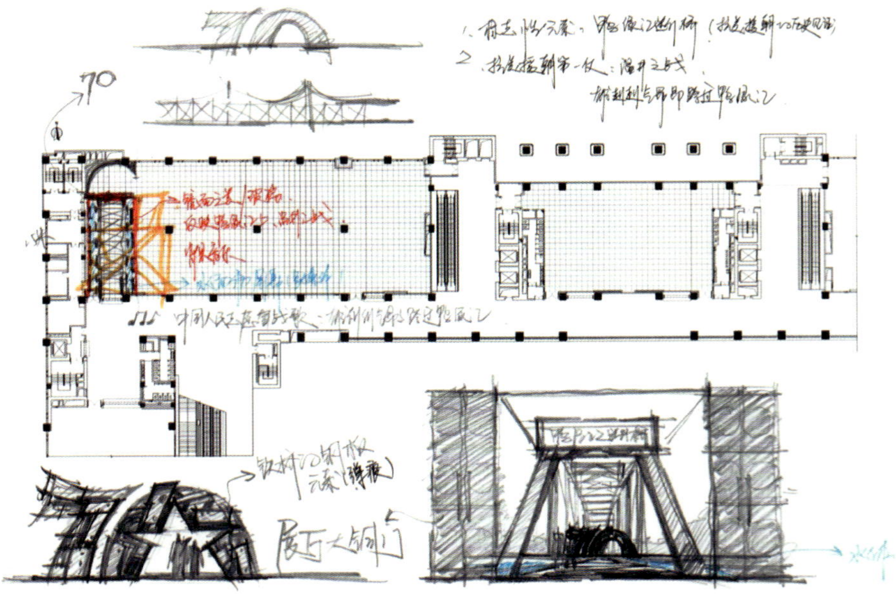

图 2-35　重点展项“鸭绿江铁索桥”概念设计效果（上）
图 2-36　重点展项“鸭绿江铁索桥”概念设计手稿（下）

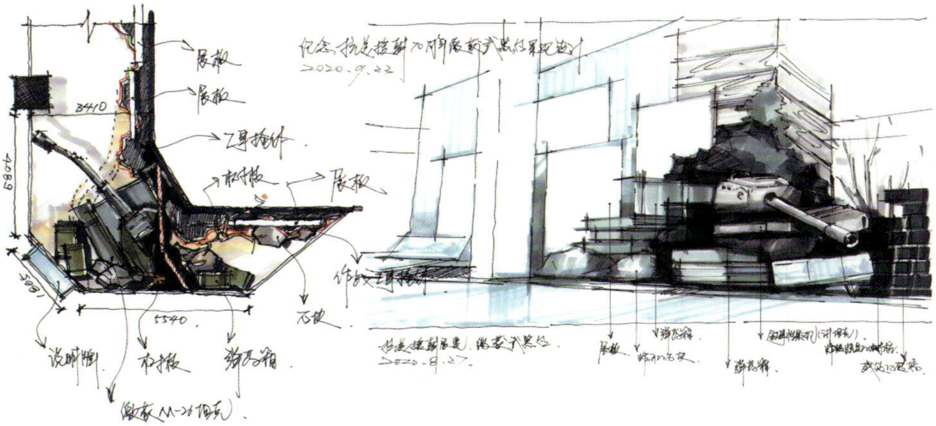

图 2-37　重点展项“缴获武器模型台”实景照片（上）

图 2-38　重点展项“缴获武器模型台”概念设计手稿（下）

铭记伟大胜利

Bear in Mind
the Resounding Victory

策展

「人民英雄驱虎豹」的主题塑造

一、战争历史的还原与再现

（一）内容研究和主题提炼

新中国成立后，随着解放战争大规模作战任务的基本结束，党和国家开始集中精力医治战争创伤、恢复国民经济。1950 年 6 月上旬召开的党的七届三中全会确定的中心任务是，以 3 年左右时间，争取实现国家财政经济状况基本好转。1950 年 6 月 25 日，朝鲜半岛北南双方围绕国家统一问题，爆发大规模内战。6 月 26 日，美国杜鲁门政府悍然派兵进行武装干涉，支撑南朝鲜军队作战，同时派遣海军第七舰队侵入台湾海峡，侵占中国领土台湾。7 月 7 日，美国在苏联代表缺席、中国代表席位仍被台湾国民党集团占据的情况下，操纵联合国安理会通过组成以美国为首的所谓“联合国军”非法决议。8 月 27 日起，美侵朝空军不断出动飞机轰炸中国东北边境城市和乡村。9 月 15 日，侵朝美军在仁川登陆，不顾中国政府多次警告，于 10 月 7 日大举越过“三八线”，直逼中朝边境的鸭绿江和图们江，朝鲜民主主义人民共和国处境危急，新生的中华人民共和国国家安全也受到严重威胁。

1950 年 10 月 1 日，朝鲜劳动党和政府请求中国政府出兵支援。10 月上旬，中共中央政治局在毛泽东主持下，多次讨论出兵问题，决心难下，但最终作出抗美援朝、保家卫国的战略决策。10 月 8 日，毛泽东以中国人民革命军事委员会主席名义发布组建中国人民志愿军的命令。这是中共中央和毛泽东全面分析战争双方优劣条件和参战困难后，基于支援朝鲜人民反抗美国侵略和保卫中国国家安全的共同需要，在新中国成立伊始各方面严重困难情况下作出的战略决策。这一战略决策，充分体现了毛泽东等老一辈革命家敢于斗争、敢于胜利的非凡革命胆略，体现了中国人民不畏强暴、反抗侵略的坚定意志，体现了中华民族保卫和平、维护正义的英勇气概。

1950 年 10 月 19 日，根据中共中央和毛泽东的命令，中国人民志愿军在司令员兼政治委员彭德怀的率领下，雄赳赳、气昂昂，跨过鸭绿江，开始了伟大的抗美援朝战争。战争分为两个阶段。1950 年 10 月 25 日至 1951 年 6 月中旬为第一阶段。志愿军采取以运动战为主，与部分阵地战、游击战相结合的方针，同朝鲜人民军一道，连续进行五次战役，将以美国为首的所谓“联合国军”从鸭绿江边打回到“三八线”，并将战线稳定在“三八线”附近地区，共歼敌 23.3 万余人，其中志愿军歼敌 18.5 万余人，迫使美国接受停战谈判，为抗美援朝战争的胜利奠定了基础。1951 年 6 月中旬至 1953 年 7 月 27 日战争结束为第二阶段。双方举行停战谈判，朝鲜战场出现长达 2 年多边打边谈、打谈交织的局面。志愿军按照“充分准备持久作战和争取和谈，达到结束战争”的指导方针和“持久作战、积极防御”的作战方针，以阵地战为主要作战形式，军事斗争与谈判斗争密切配合，与朝鲜人民军并肩作战，先后进行了 1951 年夏秋季防御作战、反“绞杀战”、反细菌战，1952 年春夏巩固阵地作战，1952 年秋季战术反击作战、上甘岭战役，1953 年春反登陆作战准备和 1953 年夏季反击战役，共歼敌 71 万余人，其中志愿军歼敌 53 万余人，最终迫使以美国为首的所谓“联合国军”于 1953 年 7 月 27 日签订朝鲜停战协定，抗美援朝战争胜利结束。

抗美援朝战争内容极其丰富，既有军事上的直接对抗，又有政治、外交方面的斗智斗勇；既有朝鲜战场的激烈拼杀，又有国内轰轰烈烈的抗美援朝运动。从展览角度来说，要条理清晰、重点突出，需要删繁就简、主题引领。所谓主题，是指展览“内容及表现形式所反映的中心思想”，是一个展览的灵魂。就操作层面而言，展览主题所要解决的是把分散的、独立的、个性化的要素构建成为有意义的、有思想的、有导向的有机整体，起到提纲挈领的作用。

我们通过研究梳理，归纳出这场战争最具鲜明特点的主题。

一是胜利的主题。战争结局上，志愿军把以美国为首的所谓“联合国军”从中朝边境的鸭绿江边打回到“三八线”，并稳定了战线，最终迫使美国在停战协定上签字，彻底粉碎了美国武装占领全朝鲜的图谋。战略目标上，志愿军圆满完成了祖国人民赋予的神圣使命，达到了抗美援朝、保家卫国的目的，维护了亚洲及世界和平。战绩战果上，敌我伤亡对比是 1.9 ： 1，志愿军共开支战费 62.5 亿元（相当于当时的 25 亿美元），消耗作战物资 560 余万吨，而美国为这场战争开支战费高达 400 亿美元，消耗作战物资 7300 余万吨。

二是正义的主题。抗美援朝战争是保卫和平、反抗侵略的正义之战。朝鲜内战的爆发是朝鲜的内部事务，但美国出于称霸全球和遏制共产主义的战略需要，发动对朝鲜的全面侵略，是对联合国关于“不得干涉在本质上属于任何国家国内管辖之事件”的公然违背。不仅如此，美国还借机粗暴干涉中国内政和国家统一，严重侵犯中国领土领空，部署对新中国的多方向进攻态势，对中国国家安全形成极大威胁。正如毛泽东所说：“大家都明白，如果不是美国军队占领我国的台湾、侵略朝鲜民主主义人民共和国和打到了我国的东北边疆，中国人民是不会和美国军队作战的。但是既然美国侵略者已经向我们进攻了，我们就不能不举起反侵略的旗帜，这是完全必要的和完全正义的，全国人民都已明白这种必要性和正义性。”（《毛泽东文集》第六卷，人民出版社 1999 年版，第 184 页）这场正义之战也得到世界爱好和平的国家和人民的同情、支持和援助。

三是精神的主题。抗美援朝战争是交战双方力量对比极不均衡的一场较量。中国人民志愿军在武器装备极为落后、战场环境极为艰难的条件下，牢记党和人民的重托、肩负民族的希望，前仆后继、舍生忘死，顽强地同敌人血战到底，谱写了气壮山河的英雄赞歌，锻造出伟大抗美援朝精神。这就是：祖国和人民利益高于一切、为了祖国和民族的尊严而奋不顾身的爱国主义精神，英勇顽强、舍生忘死的革命英雄主义精神，不畏艰难困苦、始终保持高昂士气的革命乐观主义精神，为了完成祖国和人民赋予的使命、慷慨奉献自己一切的革命忠诚精神，为了人类和平与正义事业而奋斗的国际主义精神。伟大的抗美援朝精神是中国人民志愿军战胜对手的强大精神力量，是以爱国主义为核心的民族精神的具体写照，是中国人民宝贵的财富，值得永远继承和发扬。

整个展览内容编排和形式呈现，以三个主题为引领，并贯穿始终，全面展示抗美援朝战争的光辉历程和宝贵经验、正义性质和伟大胜利，中国人民志愿军的英雄事迹和革命精神，全国各族人民同仇敌忾、众志成城的大力支援和爱国情怀，中华民族不畏强暴、维护和平的坚定决心和巨大贡献。同时，严格遵循中央宣传口径，严把政治导向，稳妥处理涉及的政治、外交等问题；坚持正确的历史观，坚决反对历史虚无主义，以史实和文物驳斥歪曲、抹黑抗美援朝战争历史和英雄人物的错误言论；严把历史事实，以权威著作为依据，做到内容设计有纪律。

（二）团队组建和项目推进

展览策展主体是中国人民革命军事博物馆，上级指导单位为中央军委政治工作部宣传局。策展过程中，退役军人事务部、国家档案局、新华通讯社、军事科学院、中央军委办公厅档案馆、解放军新闻传播中心、解放军文化艺术中心、星球地图出版社、空军政治部编研部、中国航空博物馆、沈阳抗美援朝烈士陵园、丹东抗美援朝纪念馆等单位提供了大力支持。

鉴于展览是按党、国家和军队最高规格举办的，作为总策划和具体实施部门，我们对展览高度重视，馆长李洪军、政委刘锐亲自挂帅，副馆长刘中刚、研究馆员黄亦兵负责整体策划，策展团队骨干为相关业务室主任、副主任，并汇集了馆内各业务室精兵强将。其中：

展览设计工作团队由编辑研究室和设计美术室人员组成，曹志宇、陈克非等负责内容编辑，夏鑫、宋威等负责形式概念设计和美术创作；

文物征集、保护工作团队由藏品征集保管室和文物保护室人员组成，阎欣、王全福、马冀负责文物遴选征集，孙成智负责文物保护；

数字技术运用和数字展览制作工作团队由信息资料室人员组成，沈业成负责；

宣传教育与开放服务工作团队由宣传教育室人员组成，于潇、鹿振波、商潇负责；

项目管理团队由采购办公室、设计美术室和安全保卫室等部门人员组成，王磊负责施工管理和过程经费控制，梁世炜负责招标采购，鹿振波、商潇负责安全保卫，张建东负责现场施工管理；

讲解培训和观众接待组织工作团队由宣传教育室人员组成，于潇、林燕燕、缪炳法、陈忠媛等具体负责；

新媒体推介工作团队由信息资料室人员组成，杨沐具体负责；

文创产品开发工作团队由综合办公室和文创运营合作方厦门亦翰文化传播有限公司人员组成，刘鹭、赵建勋负责；

经过公开招标，北京清尚建筑装饰工程有限公司第九工程部承担展览深化设计和施工布展工作，由著名设计师洪麦恩领衔，宋梅思、杨学文等负责项目的设计施工。

作为军队所属的博物馆，展览项目的确定、审批和策展团队组成及项目实施有其自身特点和规律。一般而言，策展（项目）团队的核心为馆业务领导，加上编辑和设计部门的主要领导及主创人员，按照先拟制展览内容大纲、设计展览空间概念方案和重点展示项目，然后由本单位内容编辑人员编写展览内容脚本（方案），设计制作公司进行展览深化设计，文物遴选征集、数字化展示制作、讲解接待和社教活动组织等工作接续或并行展开，形成馆领导总抓、部门参建，分工协作、合力推进的办展模式。展览的空间总体布局、重点展项设计、版式设计等，由军博会同上级指导部门及设计制作公司共同把关审定。展览大纲和版式稿上报军委审批。

在馆领导统一带领下，展览策划于 2019 年底正式启动，按“时间后墙”倒推工作进度，然后依计划逐步实施。总的推进过程是：2020 年 3 月完成大纲撰写和造价咨询公司遴选；6 月完成内容小样编辑和工程建设监理单位招标，完成部队讲解人员的遴选和报到；7 月完成设计制作单位招标，向北京清尚建筑装饰工程有限公司发出中标通知书，开始版式设计，展开展览场地基础施工和讲解人员的培训；10 月中旬，完成版式设计修改、重点展项制作、现场布展施工、开幕式准备、专场讲解等各项工作，圆满完成筹展任务。

（三）框架搭建和文本编写

一个展览框架结构的搭建，实际就是展陈大纲的编写。它是展陈内容设计的一项工作，可以视作一种以主题为向导、以展品为材料、以传播（教育）为目的的特殊的“写作”形式。展览内容设计人员首先要根据展陈主题拟制一个框架结构，如同一本学术著作的章节目录。这个框架结构是展览所要表达主题、思想、内容的逻辑演绎，具有系统性、整体性和科学性。而后再进行下一步内容深化工作，即撰写展览文本，或称展览方案、展览脚本。

展览的目标之一是全面展示抗美援朝战争历程，突出战场较量，兼顾政治、军事、经济、外交等方面的斗争，多角度、多侧面呈现抗美援朝战争全貌。这需要我们大量掌握抗美援朝战争的文献史料，当然是指以中国共产党、中国人民和中国人民志愿军为主视角开展研究的。我们首先学习和研究权威资料，涉及的公开出版物中最权威的当属军事科学院军事历史研究所编写的《抗美援朝战争史》（三卷本或上下卷），其他关键性权威著作有《毛泽东年谱》《毛泽东传》《毛泽东军事年谱》《建国以来毛泽东军事文稿》《周恩来年谱》《周恩来军事文选》《彭德怀年谱》

《彭德怀全传》《彭德怀自述》《彭德怀军事文选》《毛泽东与抗美援朝》《解放军画报》等，内部出版物有《抗美援朝战争政治工作经验汇编》《抗美援朝战争后勤工作经验总结资料汇编》等。内容设计团队在对以上书籍深研细学的基础上，从中梳理出抗美援朝战争的基本脉络、关键节点、重大事件和主要特征。据此，围绕战争进程主线，按时间顺序和因果关系搭建起一个向观众讲述战争故事的叙事性框架结构。其顶层结构分为5个部分，分别是决策出兵、运动歼敌、边打边谈、实现停战，以及伟大意义和历史贡献。前四个部分完全以时间轴顺序展示战争进程和结果，如果把这四个部分看成是“原因”的话，第五部分就是“成果”，是比实现停战还大得多的成果，故而单独作为一个结构部分，显示出它的极端重要性，在逻辑上是完全成立的。

从抗美援朝战争的特点考虑，单向线性的框架结构尚不能反映战争全貌和特点，还需要有横向板块的内容加以补充完善。为此，我们在展览第二层结构中穿插了“中国人民志愿军思想政治工作”“中国人民志愿军后勤保障工作”“伟大的抗美援朝运动”“最可爱的人”“不忘初心　牢记使命　永远奋斗”5个专题，多侧面、多角度地呈现战争前线和后方的面貌，以及人民对英烈的缅怀等内容，使战争叙事更加丰满、真实，贴近实际、贴近观众、贴近现实。

展览的生动性来自历史细节的呈现，而历史细节深藏于历史文物、文献和图片之中。这也是支撑展陈内容和形式设计的基础，以及开展有针对性征集工作的前提。

在文物方面，我们对馆藏抗美援朝战争方面的文物、档案等，尤其是对馆藏一级品和重点文物、文献档案进行多轮细致查看和遴选，使这次展览展出的实物在数量和品级上实现双突破，并展出了许多过去未曾展出过的文物。如朝鲜赠予杨勇、王平的苏式突击步枪。再如在英雄日记和事迹材料中意外收获陈德忠、刘维汉两位一级英雄的照片原件，以及日记中感人至深的故事等，都成为日后展览中的亮点。这一点，还得益于中共中央在1953年停战谈判签字后不久即致电志愿军司令部，要求展开抗美援朝相关文物实物、文献资料的征集，明确要建设纪念馆。正是以此为起点，志愿军司令部和政治部收藏了大量历史文物。1958 年志愿军归国后不久，遵照中央精神全部移交军博收藏，从而使军博有关抗美援朝的文物收藏量超过万件，奠定了我们这次办展的巨量文物财富基础。

在图片档案资料方面，军事题材图片资料一般优先从解放军新闻传播中心所辖的《解放军画报》中查找。值得一提的是该中心近年来对所有《解放军画报》底片进行了高清扫描和修复，修复后的图片质量较修复前有大幅提升，也便于对图片中的内容信息进行深入解读。新华社的图片资源是另一个重要的图片来源，我们在签购买协议时请新华社委托的中国国际文化影像传播有限公司说明情况或提供授权委托书副本，便于使用图片。与图片资源类似，档案的来源通常主要依托国家档案局和军委办公厅档案馆，这一渠道的审批时间较长，我们一般至少提前 4 个月提供详细的需求清单并及时跟踪沟通，策展人员也多次到中央档案馆和军委办公厅档案馆，协调档案复制事宜。

由于掌握了数量多且内容丰富的文物、图片和文献资料等素材，展览文本编写较为顺利。其中，我们要求编辑人员在两方面下功夫：一是遴选展品，要扣紧主题和重点展示的内容，以物叙事，以物证史，做到准而精，避免游离主题和内容，为展而展。二是编写说明文字，要表述得明确清晰、浅白直观、简洁精当。因为说明文字是向观众传达主题思想和展品信息的手段，特别是革命历史这类叙事性和思想性很强的展览，自然语言表述是不可或缺的。编写时避免标题文字平淡冗长、句式不一；展品说明不规范，或过于简单，缺少信息内涵，或过于繁杂，主要信息不突出；图片说明与图片内容脱节；等等。

（四）展项创意和文物遴选

1.展项创意

北京清尚建筑装饰工程有限公司中标后，即与我们一道，围绕版式样稿制作、重点展项设置展开深化设计工作。总体思路是以文物展示为中心，突出重要事件、重要人物和重要节点。

设计团队把文物置于展示区域的中心位置。在严谨考证的基础上，综合运用多种手段，通过“文物 + 影像”的印证性展示方式还原历史风貌。无论是全景通柜里展示的志愿军入朝初期使用的“万国造”枪械、嵌入式龛柜中陈列的二级英雄赵顺山砍死 3 个美国兵使用的十字镐，还是壁式景观中的摆放的挖掘坑道的志愿军就地取材制作的餐具，抑或是融入血战上甘岭景观中那一锹取自上甘岭阵地的碎石岩土、嵌满弹片的树木和被打断 50 多处的电话线等，这些无声的文物都在“讲述”真实而生动的历史故事，让观众得以了解那段战争的真实面貌，粉碎了诋毁志愿军、抹黑英雄的历史虚无主义。

志愿军入朝参战初期使用“万国造”轻武器，其中大部分型号都有馆藏，因此设计团队在选取版面图片时，有意识地选用可以辨识出轻武器型号的图片，同时尽可能在相应位置展示对应轻武器，以增强展览的吸引力、感染力。例如在“第四次战役”版面中，上方图片中出现了志愿军使用的美国造加兰德 M1 式 7.62 毫米步枪、美国造 M1 式 7.62 毫米卡宾枪、加拿大造布伦式 7.92 毫米轻机枪、美国造勃朗宁 M1919A4 型 7.62 毫米重机枪、苏联造郭留诺夫 SG-43 式重机枪；在下方文物柜中，相应枪械都得到了展示，并用小照片进行了标识，极大增加了观众的观展兴趣。

在重点展项“最可爱的人”中，创造性地将馆藏 700 余册志愿军司令部、

图 3-1　重点展项“鏖战长津湖”实景

政治部编撰的《英雄传略》置于背景墙上，作为整个展项的背景，同时将馆藏雕塑作品《最可爱的人》作为整个展项的视觉中心，辅以浮雕、英雄名录、献花台、“群星闪耀”顶饰等元素，构成气势磅礴、浑然一体的纪念装置。

我们在最初划分展区时，就为长津湖战役、上甘岭战役和英模人物三个重点内容预留空间，设计重点展项。在重点展项“鏖战长津湖”（图 3-1）的制作过程中，编辑特别要求设计师在景观中加入两个场景：其一是志愿军战斗英雄孔庆三在长津湖战役中舍命用身体架炮，成功歼敌 30 余人；其二是志愿军战士吹小铜号的经典场景（图 3-2）。最后山炮和吹号场景都成为景观中的亮点，取得了较好的展示效果。

在版式设计过程中，强调要突出重要事件和节点。第四次战役开始后，美军采用“磁性战术”“火海战术”，给志愿军造成巨大困难，这也是抗美援朝战争中比

图 3-2　志愿军吹小铜号向敌人发起冲击的场面

较重要的时间节点。设计团队认为应该真实反映这段历史，才能更好地表现出志愿军指战员英勇顽强的精神品质。在设计版式时，专门选用了第四次战役中美第 187 团级战斗队在汶山附近伞降的图片作为这段版面的底图，将图片作了延伸和放大处理后，版面上密密麻麻的降落伞给人极大的视觉冲击，也说明了伞降是美军施展“磁性战术”的重要手段之一。同时在版面下方展示了数十件所谓“联合国军”使用的各型航空炸弹、炮弹、照明弹、火箭筒弹、燃烧弹、手雷等，与上方的背景图产生了联动效果，让观众对“磁性战术”“火海战术”有了直观的感受，也深刻体会到当时志愿军遇到的巨大困难。

在科技型展项服务内容设计的应用上，设计方对党中央和毛主席“决策出兵”这一版面反复斟酌，最后提出了用多组 LED 屏联动方式来表现内容团队提出的“决策时间轴”的概念。为了达到效果，还将 LED 屏的硬件设备进行了二次改装升级，实现了联动性和观赏性。

2.文物遴选

在严谨、准确、权威的原则之上，深入发掘实物展品，改变叙事性展览文物从属于图片、文字的边缘地位状况，围绕文物这个中心展开内容设计。

（1）全面提升文物的展示数量

充分挖掘反映和见证重要战斗、重大事件、英模人物的历史文物是这次策展的重要特点之一。这次展览展出文物数量比以往同面积展览多 58%，有 1900 余件，其中一级文物 81 件，首次对外展出文物达 824 件。如朝鲜艺术家制作的毛岸英汉白玉半身像、志愿军第 39 军第 117 师政治部主任吴书烈士写给妻子的 5 封家书、安全行驶 4 万公里的嘎斯 –51 汽车外胎、火神山医院为因感染新冠病毒住院治疗的志愿军老战士张兆堂出具的出院证明、2013 年以来韩方移交的部分志愿军烈士遗物等，让观众深受感动。

事实证明，在条件允许的情况下，文物展示的数量本身就是质量。无论是级别较高的领导，还是来参观的广大人民群众，都表示在抗美援朝展中看到了很多之前不曾看过甚至不曾听说过的文物，了解到很多之前不为人知的历史细节，深受教育，深受感动。当然，追求文物的数量并不是指盲目地堆砌。一般同类型的文物不宜反复展出，除非文物背后有特定的故事。以志愿军在抗美援朝战争中缴获的防弹衣为例，军博收藏的此类文物有数十件，这当中除个别特殊型号，其余同型号防弹衣只展示了一件，这也是馆藏上万件抗美援朝相关文物最后只展出了不到 2000 件的原因之一。

（2）重视对文献档案的挖掘、整理、使用

文献档案是了解历史的第一手资料。为了更真实、全面地反映抗美援朝战争波澜壮阔的历史进程，我们先后从中央档案馆、解放军档案馆等提借复制档案文献资料 100 余件，同时联系征集了美国和苏联的部分档案报刊文献。在整理和征集文献档案的工作中，我们瞄着决策和军事指挥深入挖掘信息，希望通过对历史文献的解读和展示，吸取宝贵经验，为解决现实中的矛盾问题提供助益。

在决策出兵部分，我们重点征集展出了 1950 年 10 月 1 日至 10 月 19 日，决策出兵过程最惊心动魄的 19 天当中，党中央与志愿军总部、苏联等方面往来的相关文献资料。这些资料反映出老一辈无产阶级革命家慎战不惧战的革命战争观。其中有两份文献令人印象格外深刻。

其一，1950 年 10 月 7 日，毛泽东经苏联驻华大使罗申将决定出兵的态度告斯大林电。毛主席在这封电报中，对参战后可能遇到的困难作了充分的估计，其中提到“美国人首先将利用空中打击来摧毁中国的工业中心、破坏经济生活、毁坏交通干线。这种局面有可能会引起国内，首先是民族资产阶级对人民政府的不满情绪，并将人民政府置于十分困难的境地”。虽然这种预测后来没有变成现实，但是这种对待战争“先考虑败、再考虑胜”的慎重态度，无疑是一位久经革命斗争考验、历经艰难险阻的老革命家应有的战略水准。

其二，1950 年 10 月 3 日，周恩来紧急召见印度驻华大使潘尼迦的会晤记录。周总理在会晤中明确提出“美军如越过‘三八线’，我们要管”，潘尼迦提醒说“美军可能在十二小时之内越过‘三八线’，而印度政府接到我的电报并采取有效行动，需要在十八小时之后。届时，任何和平方案可能为时已晚”。对此，周总理的回答是：“那是美国人的事情。”短短 8 个字的回答，即使是在 70 年后，仍然让人感受到中国共产党人慎战不惧战的豪情胆色。

关于这十余天的历史文献，策展团队在前期还征集到了大量美俄相关档案，但因种种原因，原本计划列出的部分档案未能展出。

在展览中，还展示了大量党中央、中央军委和志愿军各级关于作战指挥的电报，也展示了苏联的部分相关档案。通过研究这些文献，我们感觉到，很多战略方针、作战指导和历史细节，即使放到今天也依然有重要的借鉴意义和参考价值。

一是稳中求胜的战略思想。1950 年 10 月 23 日，毛泽东致彭德怀并告高岗电，应“在稳当可靠的基础上争取一切可能的胜利”。这封电报明确了志愿军在整个抗美援朝战争中的作战总方针。这个方针对于今后人民军队可能遇到的战争也是有指导意义的。

二是持久作战的指导方针。相关文献为：1951 年 3 月 1 日，毛泽东致斯大林电，提出“战争准备长期，尽量争取短期”，以及毛泽东对志愿军转入“积极防御”作战方针的指示。这两份文献，反映了五次战役后，党中央、中央军委审时度势，作出志愿军转入“持久战积极防御”的决策部署。将来我们一旦与强劲的对手作战，不能有丝毫侥幸心理，一定要有打持久战的准备和相应作战方针。当年毛泽东说：“他们要打多久就打多久，一直打到完全胜利。”最后正是阵地战让对手看不到打赢的希望，才最终在停战协定上签字。

三是集中统一与灵活机动相结合的指挥模式。抗美援朝战争期间，毛泽东作为中央人民政府人民革命军事委员会主席，始终谋划、制定志愿军作战战略方针。但由于战场形势瞬息万变，一线指战员的临机决断也很关键。志愿军入朝作战初期，由于所谓“联合国军”分兵急进，志愿军原定的防御计划无法实施，但却有歼敌之机。1950 年 10 月 25 日，彭德怀致毛泽东电，决定即刻展开进攻，消灭突进之敌，随即发动第一次战役，遏制了美军和南朝鲜军队快速推进的势头。

（3）充分挖掘文物背后的历史细节和感人故事

在筹展过程中，内容设计人员连续两个月认真查看文物，逐字逐句阅读辨认上面的文字，桩桩件件比对史实，从文物中发掘历史细节，还原当年战场情形。

一是展示志愿军指战员不怕牺牲的血性胆气。志愿军第 20 军第 60 师第 179 团 1 营在抗美援朝第二次战役东线作战中，承担阻击美陆战第 1 师德赖斯代尔特遣队增援被围美军的任务。我们梳理了该营副政治教导员杨石毅战后整理的日记摘录，并将其中壮烈的作战细节进行了专门展示。日记中记述了该营 2 连 7 班、8 班 27 名烈士牺牲的情形。第五次战役中，志愿军第 63 军第 188 师第 563 团 1 营 1 连 2 排在铁原地区某阵地阻击敌人，孤军奋战，坚守至弹尽援绝，剩下的 8 名勇士英勇跳崖。3 人被山腰树枝托住，幸免于难，其他 5 人壮烈牺牲。展览展出了幸存的 3 名同志的立功材料，其中翟国灵的立功材料中有这样一句话："不给志愿军丢人，不给中国人丢人，保持着特攻排的称号，毫不犹豫地跳崖。"

二是展示志愿军指战员战胜强敌的英勇形象。第二次战役中，东线第 9 兵团在冻饿交加、极度困难的情况下同美军浴血奋战，某军党委在长津湖战役打响两天两夜后，为歼灭美军陆战 1 师及南朝鲜军，给全军同志发出号召信，强调把粮食、弹药不断地供应到前线去，把伤员从火线上抢救下来并安全转移到后方，对英勇牺牲的同志要很好地给予埋葬，并将其姓名和家庭通信地址记录下来。

第三次战役前，志愿军党委给全体党员发布指示，针对思想上的消极疲劳情绪，号召共产党员积极开展思想工作，利用战斗空隙落实点名讲话等军事生活制度，整顿军容风纪，抓好清洁卫生和防寒防冻，督促部队适当出防空洞活动，开展小型文娱活动，加强内部团结。

第四次战役中，志愿军炮兵第 26 团在汉江防御作战中的政治工作情况介绍写道："该团三次战役结束后，未得到很好休整，即奉命出发。""敌人是飞机大炮坦克联合进攻。""每到宿营地后，防空伪装不彻底搞好，干部不休息。""许多单位是白天作战、夜筑阵地。""在发射过程中，虽有敌机四五架低空扫射，敌坦克炮弹落在阵地附近，全连都是勇敢、沉着，未有表现畏缩者。"

三是展示志愿军指战员敢战善战的优良作风。志愿军第 27 军第 80 师第 238 团 1 营在关于第二次战役新兴里战斗的总结材料中，对美军的防御特点作了详尽的分析：一般在路口、山腰、山脚等处选择射界开阔的地点，利用天然石头、树根等构筑工事，且一般构筑长方形工事，便于射击，不易被封锁，但是相互之间不易支援，容易被曲射火力杀伤；在工事内可以单独作战，且战术动作肃静隐蔽、训练有素；轻机枪、无后坐力炮一般部署在前沿，纵深也有火力配置，火力反击隐蔽突然，直接威胁我军攻击敌人前沿；步兵的反击能力很弱，一般在工事里不出来。通过对这份总结材料的展示，可以看出志愿军指战员深入了解对手情况，在战争中学习战争，最后战胜对手的优良作风。这方面，我们还展示了部分志愿军缴获的美军军事教材，如《步兵团参考资料》《对生物战的防御》《步兵战场手册》《海军陆战队人员手册》《单兵侦察战斗训练》《对抗中的心理战》《两栖作战之突击登陆》等。知己知彼，百战不殆，在任何战场都是战胜对手的法宝。

（4）深入挖掘展示英模人物及其伟大精神

英模是志愿军群体的优秀代表，要让现在的年轻人切身感受到当年的同龄人为保家卫国所做出的牺牲奉献，必须下功夫研究和展示英模人物，见人见事见精神，生动展现那些“最可爱的人”的宝贵品质。在这次展览中，策展团队重点挖掘了特级英雄、一级英雄和一级英模等共56位英模人物的文物影像资料和英雄事迹，并通过官网、微信公众号、短视频网站、馆刊等不同平台向社会公开征集志愿军英模的图片史料线索，最终完善补充了13位一级英雄的史料信息，使一级英雄张永富、陈德忠、刘维汉的照片首次得以公开展示。最重要的是，把英模身上曾经不为人熟知的感人事迹呈现给观众，使英雄的形象更加立体生动，让观众深切感受到英模身上的英雄气概和人性光辉。

（5）丰富文物的展陈方式

在文物排柜和施工布展的过程中，相关内容设计人员与形式设计师密切配合，成功实现了高密度、高标准展示文物，积累了丰富的文物展示经验，主要经验有：

一是文物与图片的直观呼应。例如将二级英雄赵顺山在战斗中使用轻机枪射击的照片缩小打印后，放入陈列有他砍死3个美国兵使用的十字镐的龛中一起展示；

将志愿军使用缴获的美制步话机的图片与缴获的美制步话机一起展示；将版面图片中出现的志愿军使用的武器放在相关图片内容下方展示。

二是阵列式展示文物。在展厅上方集中悬挂 100 面志愿军参战部队军旗；在第一次战役处用 6 米通柜展示志愿军入朝初期使用的杂式武器装备；在第二次战役结束处集中放置 70 多枚缴获的所谓“联合国军”的臂章、奖章、勋章；在第四次战役开始处集中展示数十件所谓“联合国军”使用的武器弹药；在“阵地战”展示上百件挖坑道使用的工具；在“缴获武器”展项集中展示上百件缴获的武器装备；在“胜利归国”展项展示数十件朝鲜政府和人民赠予志愿军的礼物，形成了气势，增强了展览的吸引力、感染力。

三是放大文物的局部细节。例如在志愿军某部副政治教导员杨石毅的日记中，有志愿军凭借简陋的装备、工事与武装到牙齿的美军近距离交火、肉搏的记述。我们将相关记述复制、放大，在醒目处展示。

四是增加文物的对比式展示。对比式展示方式的好处是能够直观展示文物之间的关联性，特别是对于战争题材的主题展览，交战双方的文物放在一起总能碰撞出不一样的火花。在第二次战役东线作战的文物展示设计过程中，将新兴里战斗模范连奖旗和该连缴获的北极熊团团旗放在一起展示；将长津湖战役中志愿军缴获的十分保暖的美军羽绒被、防寒鞋以及急救盒、灭菌纱布带、《防冻须知》等，与阻击美军的志愿军某部副政治教导员杨石毅记录的身穿单衣与敌同归于尽的志愿军战士牺牲过程的日记本进行对比式展示；将美军使用的各式地雷、照明雷、枪榴弹、重机枪弹与志愿军缴获并使用的美国造半自动步枪一起展示，更加彰显了志愿军不怕牺牲、英勇战斗的钢铁意志。

抗美援朝战争初期，志愿军一个军只装备无线通信机 69 部、有线电话机 375 部，仅相当于美军一个师同类装备的 5% 和 34%。在展览中，我们将志愿军使用的笨重的 E27 型收发报话机（展示的这台发报机参加了第一至第五次战役，以及上甘岭、天德山等战役）与缴获的美军使用的袖珍收发报机、手携电台等对比展示，直观展现出双方在通信技术上的差距。

在严谨考证史实的基础上，通过对比式陈列手法，用友方的文物验证历史的评价，用对手的文物反衬志愿军的伟大，这种手法比以往直白概述的宣传方式更具说服力，也更容易感染观众。第二次战役中，我们使用了麦克阿瑟用来安抚败退官兵的签名圣诞贺词来反映志愿军粉碎了美军在圣诞节之前结束战争的图谋。我们翻译了志愿军缴获的美骑 1 师情况通报，这份通报从侧面验证了志愿军擅长近战、夜战和山地作战。我们还翻译了志愿军缴获的美第 2 师后勤会议记录（译稿），从中可以看出美军一直在抱怨武器、车辆供给不足。连美军都在感慨运输能力的不足，那么拥有运输车数量连美军零头都不到的志愿军，又会面临怎样的困难？这从志愿军第 118 师政委张玉华的个人日记（1950 年 11 月至 1951 年 4 月）中可见端倪。日记中提到，该师刚入朝时，“由于白天防空所造成的新情况，‘有粮运不上，运了装不上，装了做不上，做了吃不上’”。

五是深挖文物与历史之间的内在联系。我们在筹展过程中先后翻阅了志愿军第 20 军第 60 师第 179 团 1 营战斗日志、志愿军第 20 军第 60 师第 179 团 1 营营部通讯班班长杨锡林（麟）的笔记本和遗物、志愿军第 20 军第 60 师第 179 团 1 营副政治教导员杨石毅入朝作战记事本。其中在杨锡林（麟）的笔记本中看到这样一段话：“朝鲜二次战役中，英皇家坦克营从古土水向北企图掩护正向南溃逃之敌，被我志愿军 60 师 179 团截断去路。”我们当时就想到，这里描述的应该就是《抗美援朝战争史》中提到的，长津湖战役中志愿军对德赖斯代尔特遣队的阻击及围歼战。而杨锡林（麟）就是战史中提到的被派入敌军阵地劝降敌军的“我方代表”。随后我们在 1 营战斗日志和杨石毅日记中都找到了相关记录。特别是杨石毅在日记中还详细记述了该营 2 连 2 个班在战斗初期与美军殊死搏斗的场景，以及志愿军对敌军进行劝降的具体细节，对这段历史形成了很好的补充。我们在布展时，将相关文物放置在一起作了精心的设计，取得了较好的展示效果。

六是加强文物的精细化设计。抗美援朝主题展虽然是一个临时展览，但我们从一开始就按照基本陈列长期展出的要求进行布展设计。清尚公司根据文物的不同质地、形状、尺寸和展示需求，为每一件文物量身定做展托、展架，在确保文物安全的前提下，采用最优材料、最佳结构、最环保标准，努力做到展示功能与艺术呈现的自然衔接。在部分文物设计上，甚至做到了让展具隐身，文物“悬浮”在展柜中的展示效果，引来观众的好奇和围观。

二、战争氛围的塑造与体验

（一）设计语境和创意呈现

抗美援朝战争是新中国的境外首战，打出了国威军威。军博从建馆之初就将该主题作为基本陈列之一，第二版的抗美援朝战争馆（1999—2010）曾荣获第九届（2009—2010）全国博物馆十大陈列展览精品最佳创意奖。这次为纪念中国人民志愿军出国作战 70 周年而举办的主题展，规格高、展出面积大，策展设计团队力争再创佳绩，让老的题材呈现出崭新面貌，持续焕发生命力量，继续为广大观众提供革命历史知识和精神滋养。

设计语境解决的是根据某种特定环境和背景因素去设计与之相应产品的问题。某种特定的环境和背景，具有很强的客观性和历史性。而设计出的产品，则具有鲜明的主观性和时代性。一个展览怎样把握设计语境，决定了展览的基本风格和样式。具体于抗美援朝主题展，要把发生在数十年前的战争、国外战场、强大对手等背景因素，在3000余平方米的面积、6 ~ 8米高度的空间全景式地展示出来，其样式与效果要实现历史、战争与现实的有机结合，达到铭记与崇敬、缅怀与激励的目的，取决于策展设计团队是否能在对这场战争理解、构想、还原、再造基础上形成先进的设计理念与实践创造能力。基本创意是：

首先，分析了当代同类型博物馆、纪念馆的展览，发现其现代设计方法和手段的运用已相当纯熟，但形式设计同质化、艺术效果雷同化倾向比较严重。“红光亮”的氛围、“两条线”的编排、“为造而造”的场景比比皆是，导致展览空洞乏味、华而不实，主题思想浮于表面，情感表达难以共鸣。这次的设计效果要避免出现上述简单化、浮浅化现象。

其次，深入领会这次策划抗美援朝主题展的主题性、目的性和时代性，整体设计语境突出纪念性和仪式感、战争氛围和敌我较量、英雄气概和爱国情怀，将庄重、动感、敬仰的气韵贯通整个展览，营造出振奋人心的调性；细节处理突出战略决策和战役部署、战场厮杀和后方支援、边打边建和力量壮大，将指挥、行动、部队、装备、战况、战果等场景呈现于观众面前，再现真实厚重的历史瞬间。

最后，抓住展览的叙事性特征，通过连续不断的主展线展示战争历史，以文物讲述战争故事，以图片呈现战争场面，突出志愿军指战员英勇杀敌的人物形象和光辉事迹。根据内容的重要性和空间条件，布设重点打造的景观，提升叙事的节奏感和观众参观的兴奋度。注意把握辅助展品适当适用的原则，以动态多样化手段为展览添彩增色，但不夺文物史料作为展览信息传播主体的地位。

（二）空间表达和布局想象

展览位于军博展览大楼一层西侧 3 个展厅，面积约 3300 平方米，空间呈 L 形，由东门进入，沿着内外两组 L 形参观动线再返回东门，结束参观。参观路线除序厅外分为主辅两翼，左翼顺时针侧均为主展线，右翼逆时针侧为辅展线。

设计团队认真研究展览场地的空间状况、空间结构，充分发挥场地优势，结合展览大纲的框架内容，在动线组织、重点展项空间等方面合理布局，做到展览层次分明、动线流畅、重点亮点突出，既能满足广大观众的自由参观，又有利于团体观光的集中学习。在空间布局的把握上，策展团队充分把握通透性，切忌走极端的“内容最大化”“展品泛滥化”，即试图把所有的空间都利用上、把所有的空白版面都填充上、把所有的中间区域都封闭上，而是有空间的留白，有视觉的通透性。

（三）图版构成和重点深化

在版式设计过程中，充分考虑到展厅现场的高度优势，力求体现展览恢宏、庄重、大气的视觉效果。在版面的处理上，注重平面构成和色彩构成的基本规律，并充分考虑观众的视觉体验和观展习惯，去繁从简、主观把控，一方面减少不必要的装饰和照片数量，尤其是减少小照片的数量，不追求多，而着重精，在照片的质量和效果上下功夫，版面设计上做到主次突出（图 3-3）；另一方面减少版面的层次，版面的结构基本控制在背景层（图）、结构层（造型层）、图片和文字层、展品层这四个层次。在此次展览的版面设计中，另外一个特点是突出展示背景层的大照片，以单元事件的照片为背景，与背景色融合，既解

图 3-3　照片为主的版式——决策出兵时间轴

决了背景版面空的问题，又丰富了内容，很好地烘托了氛围，使得重点突出，视觉效果强烈（图 3-4）。

用现代展览语言呈现抗美援朝战争壮怀激烈的历史时空。版式以战场图片作为衬景，增强视觉效果，结合简洁的图片和文物展示增强生动性与真实性。多样化运用高低、疏密、对位、错落手法，丰富版式构成，定格历史瞬间，吸引观众视线。

（四）色彩运用和情感代入

如果说展览是视觉的艺术，色彩则是最直观、最有效的视觉表达。色彩的表现在展览中无处不在，所占面积之大，不仅关系到一个展览呈现的视觉效果、给观众带来的直观视觉体验，还关系到观众和展览间的互动和情感代入。抗美援朝主题展设计前期通过对大量抗美援朝经典艺术品、影视作品进行色彩分析和归纳，决定以暖色系表现战场硝烟，以中性色系表现作战装备，以冷色系表现冬季冰天雪地作战的环境，明确以低饱和度的色彩作为胜利归国前的色彩基调，以鲜亮的色彩作为胜利归国后的色彩，色彩由厚重到鲜亮。确定该展览的整体色彩基调后，注重色彩的

图 3-4　“1951 年夏秋季防御作战”版式

表现力和感染力，体现战争历史的还原与再现，表现历史的厚重之感，以红色渲染志愿军指战员的伟大斗争，以金色承载党的领导动员起来的人民伟力，通过厚重的色彩来表现中国人民志愿军的英雄事迹和革命精神，着力宣扬伟大的抗美援朝精神（图 3–5）。

第一部分 正义担当 决策出兵

第二部分 运动歼敌 稳定战线

第三部分 以打促谈 越战越强

第四部分 实现停战 胜利归国

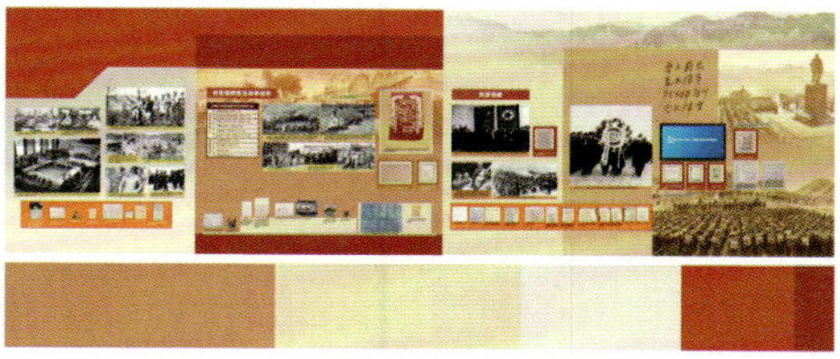

第五部分 抗美援朝战争胜利的伟大意义和历史贡献

图 3-5　展览各部分的色彩基调

三、战争物证的利用与保护

这次抗美援朝主题展共展出各类文物展品 1900 余件，其中 824 件文物系首次展出。展出文物大部分来自馆藏，还有一部分是专门为此次展览征集或借展的。这些内容丰富的历史文物，充分见证了抗美援朝出国作战的重大决策过程、重要战役战斗、英模人物事迹，生动反映了伟大的抗美援朝精神的丰富内涵和时代价值，鲜活展现了志愿军将士不畏强敌、战胜强敌的英雄气概，突出彰显了全国各族人民同仇敌忾、万众一心的爱国情怀，让观众在穿越历史时空、感受战争残酷的同时，更加热爱祖国、崇敬英雄、珍惜和平、团结奋进。

（一）多视角的文物展示和信息传达

因馆藏及新征集到的抗美援朝史料文物资源总体较为丰富，如何选择最合适、最有代表性的文物进行展示，如何通过不同的组合，运用叙事、对比等手法，让文物“会说话”，如何深挖文物背后的信息与故事，给观众带来情感冲击和心灵震撼，都是策展中需要着力解决的问题。

武器装备是军博的特色馆藏，也是战争类主题展览不可缺少的元素。本次展览中选择了大量手枪、机枪、冲锋枪、弹药等武器装备，密集式陈列，深受各类观众喜爱，成为展览的一大特色和亮点。这些武器装备一方面展示出战争的残酷，另一方面也体现出交战双方装备水平的巨大差距。单就枪械来说，展出的美军使用过的装备有 M1 半自动步枪、M1 卡宾枪、汤姆逊冲锋枪、勃朗宁重机枪等，都是自动或半自动的。而志愿军装备的枪支，绝大部分都是在抗日战争和解放战争时期缴获的日军或国民党军的装备，号称“万国造”（图3-6），

图 3-6 密集陈列的“万国造”武器装备

既有美国的，也有苏联、德国、日本的，甚至还有民国时期仿造的，型号多、口径杂，弹药供应不足。对比式陈列直观展现了双方的装备实力差距，更显志愿军战士的英勇伟大。

对战斗英雄的展示是贯穿这次展览的一条主线，战斗英雄相关的文物也是此次展览的重头戏。杨根思（图3-7）、黄继光（图3-8）、孙占元、邱少云、胡修道、孙生禄、张桃芳、罗盛教、王海、黄草岭英雄连、215号坦克车组、白云山团等。展现观众们耳熟能详的抗美援朝战斗英雄和英雄集体，让观众在观展过程中产生强烈的情感共鸣。我们努力挖掘反映英雄们方方面面的不同实物——使用过的武器、穿过的军装、获得过的勋章证书、写过的日记家书等，再次深入挖掘这些文物背后的每一个故事、每一个情节，力求让观众从不同侧面、不同角度了解英雄、崇尚英雄。杨根思获得的朝鲜民主主义人民共和国一级国旗勋章、穿过的白衬衣，黄继光获得的朝鲜民主主义人民共和国金星奖章，使用过的水壶、挎包、腰带，书写的日记等，每天都吸引着大量观众停留观看、沉思。

展览中还专门设计展出了大批以美军为首的所谓“联合国军”的相关实物，有武器装备、文书材料、通信装置、后勤给养、生活用具等，便于观众从对手角度更加全面、深入地认识和了解这场战争。这些实物，有的是当年志愿军在战场上缴获的，有的则是后来通过各种渠道征集的。其中的亮点主要有三个：一是我们从华裔手中征集到的一批美军实物，包括1950年6月25日的美国《星条旗报》关于朝鲜战争爆发的报道、1951年4月11日的美国《巴尔的摩新闻报》关于麦克阿瑟被解职准备回国的报道、带有麦克阿瑟签名的致美军官兵的圣诞祝词、美军飞行员的“血幅”等，这些实物都是国内难得一见的，通过这次展览首次展出，为观众带来新的视角。二是缴获的“北极熊团”团旗。随着电影《长津湖》的热播，每天都有观众专门赶来看这件著名的文物。作为长津湖战役的重要物证，它打破了美军不可战胜的神话，让每一个中国人都油然而生一股浓浓的自豪感。三是反映美军后勤补给的相关实物。我们选取了一套最典型的防

图 3-7　特级英雄杨根思展区

图 3-8　特级英雄黄继光展区

寒装备，从防寒服到帽子、皮靴、皮手套，到鸭绒睡袋、《防冻手册》等，可以说从头到脚，保护到牙齿（图 3-9）。同时，我们也专门挑选展出了一套志愿军在战场上穿着的单衣单鞋作为对比，让人仿佛一下子回到那个最寒冷的冬天，再次为英勇顽强的志愿军战士献上最诚挚的敬意。

展览还挑选展出了 10 余件油画、国画、雕塑等艺术品，包括经典的《决策出兵》《前线》《罗盛教》《激战松骨峰》等，从艺术角度刻画、再现历史，为历史类展览增添了亮丽的色彩和直观的视觉冲击。为了展示抗美援朝运动，我们还专门组织馆里的青年画家创作了组画。

（二）针对性征集和借展

为筹备此次展览，军博在 2020 年 3 月向社会发出抗美援朝相关史料文物征集公告，面向广大抗美援朝志愿军老战士、志愿军家属和后代，以及社会各界关心军博建设发展的友人，展开抗美援朝史料文物征集工作。公告中明确了征集范围、征集方式、征集时间和征集工作联系人。为便于大家准确识别文物，我们对征集范围进行了详细的描述，主要包括以下 13 个方面的内容：

中国人民志愿军曾经使用过的武器装备、服装装具、旗帜标识、作战计划、军用地图、印章符号、战斗日志、信件、标语、文娱用品、生活用品及缴获的各类战利品等；

抗美援朝战争时期编辑出版的文献书籍、档案、报刊、影像资料、历史图片及创作的艺术作品、印刷宣传品等；

志愿军指战员获得的我国及朝鲜颁发的各类勋章、奖章、奖状、证书等（图 3-10）；

图 3-9　展柜中陈列的志愿军缴获的美军防寒装备（上）

图 3-10　黄继光获授的朝鲜民主主义人民共和国金星奖章和朝鲜民主主义人民共和国一级国旗勋章（下）

志愿军各级指战员及英模人物曾使用过的有代表性的物品；

反映全国人民、华人华侨踊跃支援抗美援朝战争的相关物品，如担架队、医疗队、运输队、民工队等所使用的工具，有关踊跃参军、捐献飞机大炮、拥军优属等方面的名册、单据、信件、奖旗、奖状、锦旗、证书等；

1950 年至 1953 年，国防和军队建设特别是空军、陆军各技术兵种建设的相关实物、文献、史料等；

1950 年至 1953 年，美国、日本、南朝鲜等有关朝鲜战争的相关实物、文物、史料等。

反映全国人民、华人华侨及朝鲜军民慰问志愿军指战员的各类物品；

反映志愿军战士帮助朝鲜人民重建家园的相关物品；

朝鲜战争中所谓“联合国军”的相关物品，如武器、军服等军事用品生活用品等；

中国人民志愿军老英雄、老战士及抗美援朝战争亲历者口述历史的相关音、视频资料；

不同时期以抗美援朝战争为主题的书籍、报刊、宣传品、印刷海报、艺术作品、影视作品、文学作品等；

抗美援朝战争相关历史照片，音、视频等。

以上内容基本涵盖了战争物证相关实物，也为捐赠人准确识别、挑选自己手中保留的战争相关实物提供了较为清晰的参考。短短 5 个月，我们就接到上百位来自全国各地的志愿军老战士及家属的热情咨询，分享自家的传家宝或所知的文物线索，最后，76 位捐赠人成功捐赠各类史料文物 330 余件。这批抗美援朝战争相关的史料文物，在 70 年后得以入藏军博，实属珍贵，使得馆藏抗美援朝文物继建馆初期那次统一调拨后，又一次得到批量性补充，其中包含许多精品。很多文物捐赠人是那场战争的亲历者，大多八九十岁高龄，使得我们这次征集活动抢救性的意味更浓。还有很多文物史料来自老兵的家属，他们把珍藏了几十年的“念想”慷慨献给国家，让我们深刻感受到他们保存好父辈文物、传承好父辈精神的渴望。

海军某单位退休人员李志敏是公告发出后的第一个捐赠人。他的父亲李力曾任志愿军第 68 军第 203 师第 609 团政治处主任。他捐赠了第 68 军政治部编印的《金城以南反击战役政治工作总结》、1952 年中国人民志愿军第 203 师《一年来的民运工作总结》、1952 年中国人民志愿军第 609 团《十三个月作战经验总结》等有关抗美援朝的文物 32 件（图 3-11）。这几份总结，包含了志愿军一个军级建制单位的“军”“师”“团”三级的战争总结，为研究和宣传军史提供了珍贵的一手资料。

为更好地展示志愿军“钢铁运输线”，我们曾多处寻找参与运输工作的老兵，但一直没有取得亮点性突破。2020 年 8 月 11 日，志愿军二级英雄、莫克 -115 号机车司机李国珩的大女儿李秀萍通过文物征集公告联系上我们，介绍了父亲的事迹和相关实物。1954 年，八一电影制片厂出品的第一部电影《钢铁运输线》真实地记录了志愿军后勤运输战线上的英雄事迹，影片当中就有一位叫李国珩的火车司机英雄。得知这一线索，我们非常兴奋，第一时间邀请李秀萍带着弟弟李惠民、妹妹李丽萍一起来军博。起初姐弟三人不舍得捐赠，因为父亲去世早，这些东西留着是个念想。后来听到我们工作人员关于军博和这次展览的介绍，他们非常支持，一家人分 3 次带来李国珩荣立一等功的喜报、在抗美援朝战场佩用的血型标牌、在抗美援朝战场持有的预防接种证、手书 115 号机车组半年工作总结等 9 件珍贵文物（图 3-12）。其中两件文物在展览中得以首次展出。展览开幕后，李秀萍一家多次来馆参观，多次接受中央电视台、中国妇女报等媒体采访报道。就这样，一位湮没数十年的抗美援朝英雄火车司机的名字和他的英雄事迹再一次展现在公众面前。

抗美援朝文物征集过程中，最令我们难忘的是两位老兵捐赠人。一位是住在山东烟台的 92 岁的马维华，一位是住在安徽宣城的 86 岁的杨渭清。他们当年在同一连队战斗，战后各自回到老家，一直未有机会见面。这次看到军博文物征集公告，两位老人都托付自己的儿女向军博捐赠文物。军博文物征集人员

图 3-11　文物征集工作人员为李志敏办理文物捐赠手续（上）

图 3-12　李秀萍与其弟弟李惠民向军博捐赠李国珩同志荣立一等功的喜报等文物（下）

图 3-13　时隔 68 年再见面的两位老英雄马维华、杨渭清向军博捐赠文物

程定飞在整理捐赠信息时，偶然发现这两位老人来自同一个连队——志愿军第 67 军第 200 师第 599 团 3 营 8 连。这个发现让我们非常兴奋，立刻联系了双方的家属，确认两位老人确属同一连队，并且相互还记得彼此。于是，我们决定为两位老兵策划一次特殊的见面会。2020 年 11 月 16 日上午，在军博抗美援朝展厅志愿军战旗下，两位老人在时隔 68 年后再次相逢，我们为两位老人举办了隆重的文物捐赠仪式（图 3-13）。马维华向军博捐赠了自己在抗美援朝战争中荣立一等功的立功证明书、“马维华钢铁连队”锦旗等 15 件文物；杨渭清捐赠了自己在抗美援朝战争中荣立二等功的立功证明书、立功喜报等 6 件文物。捐赠仪式上，两位老英雄分别回顾了当年的战斗历程以及立功受奖的经过，表达了 68 年后战友再次相见的喜悦之情。军博时任馆长李洪军、政治委员刘锐为两位

老人颁发了收藏证书。两位老英雄的家人、老部队代表、烟台警备区干休所及宁国市退役军人事务局代表和军博工作人员一起见证了这难忘的时刻。新华社、《解放军报》等媒体对两位老英雄的捐赠活动进行跟踪报道。《军事报道》栏目推出的视频报道《时隔 68 年　英雄再重逢》广泛流传，点击量达到数百万次。少年时在战场相遇，耄耋之年在盛世重逢，这是岁月给人民英雄最好的回报。

为配合展览最后一部分内容，更好地展现志愿军烈士遗骸回国相关内容，我们通过退役军人事务部协调，从沈阳抗美援朝烈士陵园借展 30 件 2013 年以来由韩方移交的部分中国人民志愿军烈士遗物。生锈的纽扣和水壶、破旧的牙刷和肥皂盒、带着鲜明时代气息的钢笔和手表、残存的鞋底和镜片……瞻仰 70 年前志愿军烈士们留在战场上的这些物品，让我们“久经沙场”的文物工作人员都为之感动，展览中更是有无数观众在此长久驻足、凝视、沉思、致敬。睹物思英烈，英魂永不朽，每一件遗物都是一段英雄故事，都是一把永不熄灭的精神火炬。我们就是希望观众们透过无声的遗物，读出志愿军烈士不屈不挠的伟大精神和炽热滚烫的家国情怀。我们的责任就是把志愿军烈士的精神传承下去，永远不能忘记“最可爱的人”。

（三）保护性修复和展示

1.预防性保护和修复

（1）文物保护性修复的原因

抗美援朝展览共展出 1900 余件文物藏品，备展文物数量远远高于实际展览文物数量。实际展出的文物主要来自归国后的志愿军司令部和政治部的整体移交，或是因自身材质的物理特性，或是因为非专业的保存方式和不利的保存环境，多数文物展出前现状不佳，约 10% 的文物病害状况严重，约 40% 的文物中度病害。这些受损文物若不经保护性修复处理直接展出，不仅展陈效果不佳，而且极易造成文物病害的加剧劣化，微生物等病害也会在文物间交叉传染。因此在展前对这些文物进行适当的保护性修复，使文物病害得到消除和减缓，才能保障文物安全展出，同时也能提升展陈效果，达到文物的合理利用。军博领导在组织普查了文物现状后，明确“一定要让抗美援朝文物有尊严地展出”，下决心实施文物预防性保护和修复，并特事特办，聘请文物修复专家到军博工作，在完成文物保护性修复任务的同时，带教我们新组建的文物保护室工作人员。

（2）科学制订修复方案

馆外的专家聘请来了，馆内的力量组建起来了。专项团队成立后，根据任务时间节点和布展时间安排，制订科学的修复方案成为关键。为切实加强抗美援朝展览文物保护工作，修复工作全程遵守文物保护相关法律法规，并参照文物保护相关行业标准对各个环节进行把控。此外，依据《中国人民革命军事博物馆展出文物保护管理暂行规定》，结合展览进程以及相关单位工作计划制订抗美援朝展览文物保护工作方案。

第一，调查文物现状，确定修复文物目录。修复前应充分对文物的现状进行调查评估，以更准确地制订修复方案。抗美援朝展览的文物品类繁多，我们将其按纸质、纺织、器物、轻武器四个类别划分给对应的保护修复工作室负责，随后每个工作室进入库房逐件调查所负责门类的文物现状，并将需要修复的文物的现状和病害情况进行记录，排查出展前急需修复的文物（表 3-1、表 3-2、表 3-3、表 3-4）。

表 3-1 纸质文物现状和病害情况

<table>
<tr><td colspan="2">排查出 206 件纸质文物需要进行保护性修复，参考《馆藏纸质文物病害分类与图示》（WW/T 0026—2010）对该批文物病害进行统计，发现存在残缺、絮化、折痕、水渍、微生物损害、锈蚀、写印色料脱落等病害。</td></tr>
<tr><td>①残缺：纸张本体出现缺失。
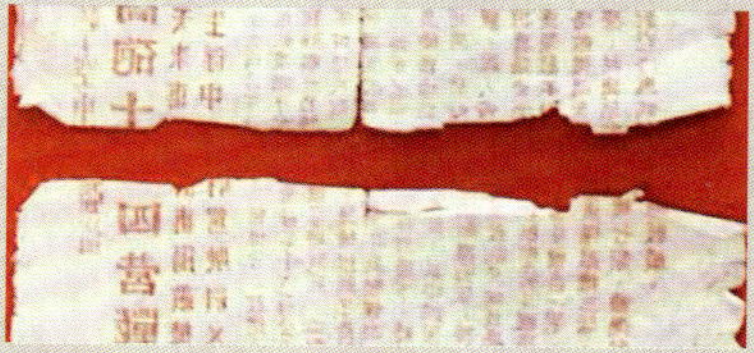</td><td>②絮化：纸张纤维呈棉絮状。
</td></tr>
<tr><td>③折痕：折叠或挤压产生的痕迹。
</td><td>④水渍：纸张受水浸润而留下的痕迹。
</td></tr>
<tr><td>⑤微生物损害：微生物滋生对纸张造成的损害。
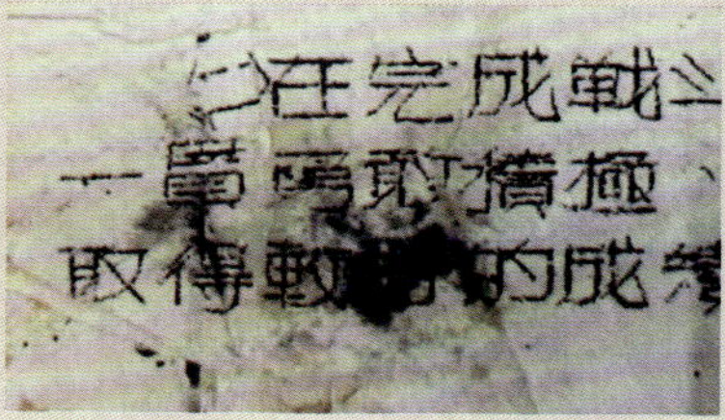</td><td>⑥锈蚀：装订铁钉生锈对纸张造成的腐蚀。
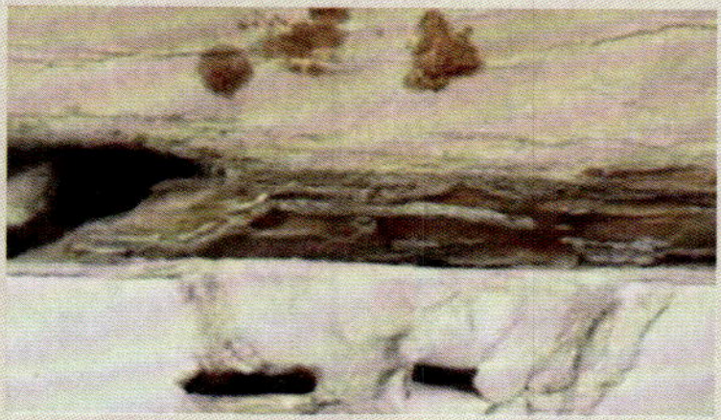</td></tr>
<tr><td>⑦写印色料脱落：写印色料与纸张发生脱落现象。
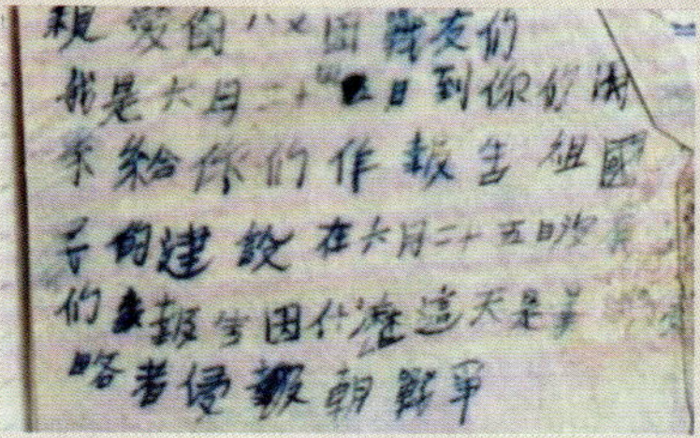</td><td></td></tr>
</table>

表 3-2 纺织类文物现状和病害情况

排查出 90 件纺织类文物需要进行保护性修复，参考《馆藏丝织品病害与图示》（WW/T 0013—2008）对该批文物病害进行统计，发现存在微生物损害、残缺、破裂、糟朽、污染、粘连、褶皱、晕色、褪色、水渍、印绘脱落、不当修复等病害。	
①微生物损害：微生物滋生对纺织类文物产生的伤害。 	②残缺：传承过程中出现的缺失。 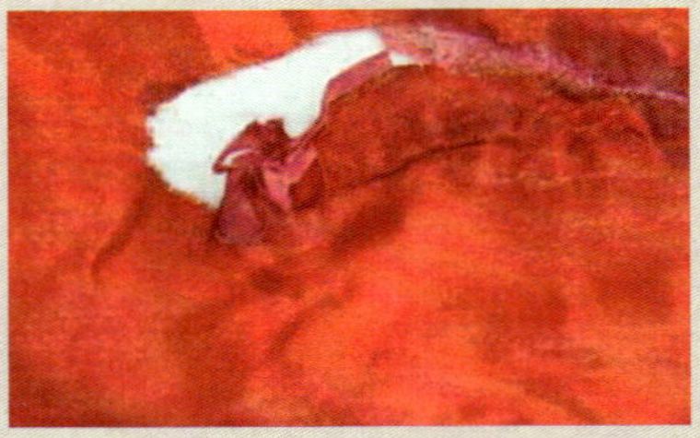
③破裂：物理损坏造成的丝织品经线或纬线断裂形成的破口或裂纹。 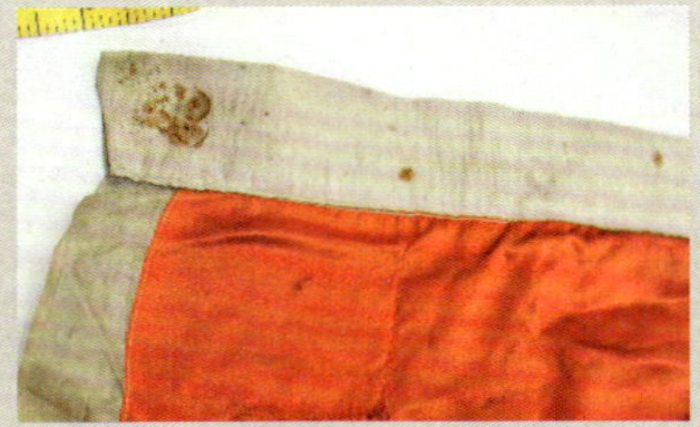	④糟朽：因纺织品的化学结构发生严重降解而导致的结构疏松、力学强度大幅降低的现象。 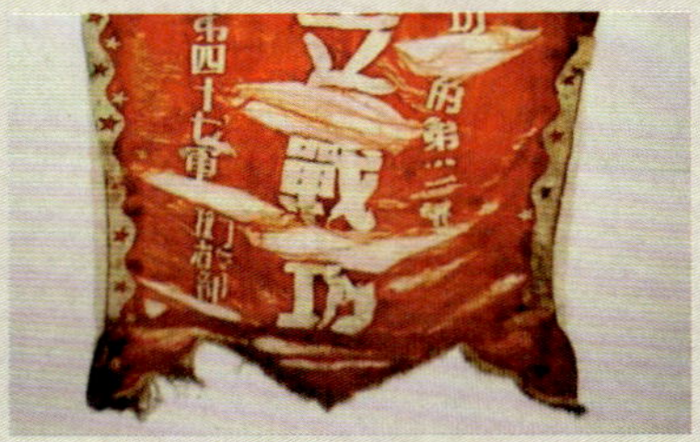
⑤污染：保存、使用、传承、收藏等过程中表面形成的污渍，如油渍、锈斑、积尘等。 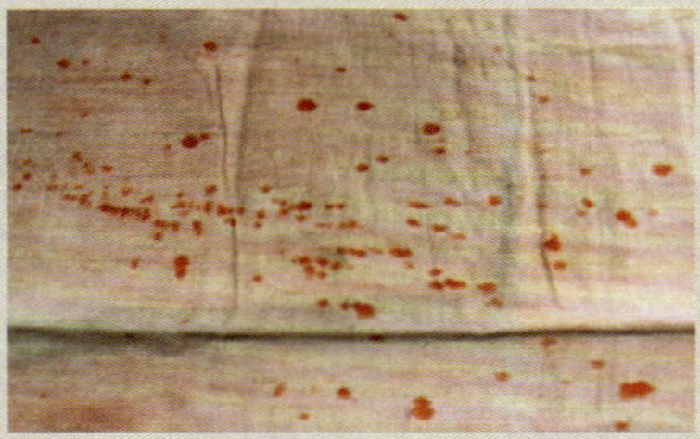	⑥粘连：在保存中，因长期处于折叠或叠压的状态，造成馆藏纺织品藏品难以分离的现状。 

续表

⑦褶皱：纺织品表面的不平整，包括影响到外观的可调整和不可调整的变形。 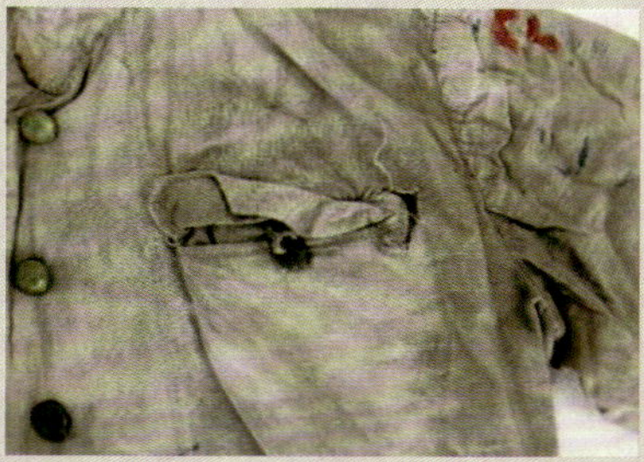	⑧晕色：颜色较深部位的呈色物质向浅色部位扩散或沾染现象。 
⑨褪色：纺织品出现色度降低的现象。 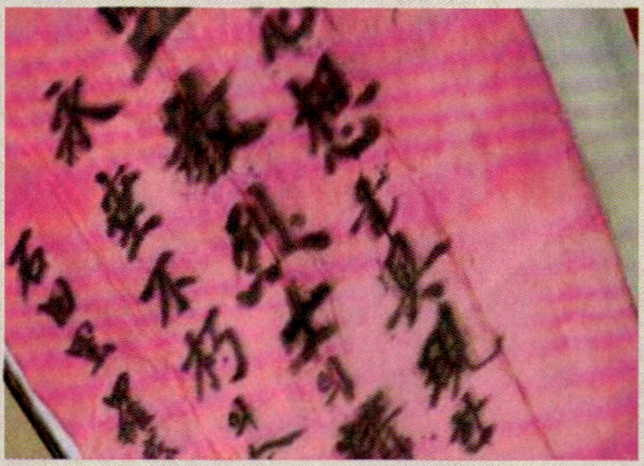	⑩水渍：因水侵蚀在纺织品表面留下的沉积物或水浸过的痕迹。 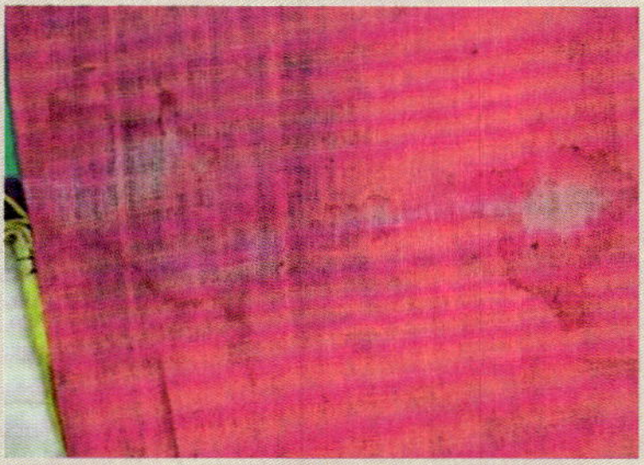
⑪印绘脱落：因胶黏剂的失效导致印绘脱离本体。 	⑫不当修复：在不当理念指导下采用不当材料、不当方法进行的修复。 

表 3-3　器物类文物现状和病害情况

<table>
<tr><td colspan="2">排查出 40 件器物类文物需要进行保护性修复，参考与器物类所含材质相关的文物病害与图示规范对该批文物病害情况进行分类统计，发现该批文物的主要病害类型有：金属侵蚀、微生物损害、模型断裂、表面异物。</td></tr>
<tr><td>①锈蚀：文物表面产生结构疏松、易水解的有害锈。有害锈的主要成分为铁的氧化物和氯化物，表现为金属外层肉眼可见的褐色或棕黄色区域。
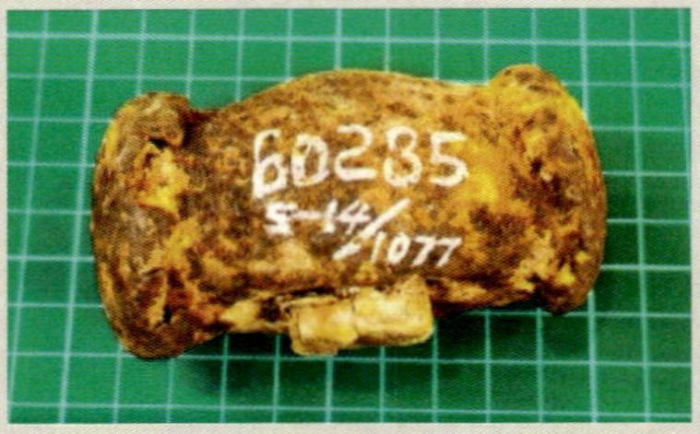
</td><td>②微生物损害：微生物滋生对皮质文物表面产生的损害。
</td></tr>
<tr><td>③模型断裂：器物在存放或搬运过程中发生的断裂、损坏。
</td><td>④表面异物：保存、运输过程中不当加固方式留下的粘贴物。
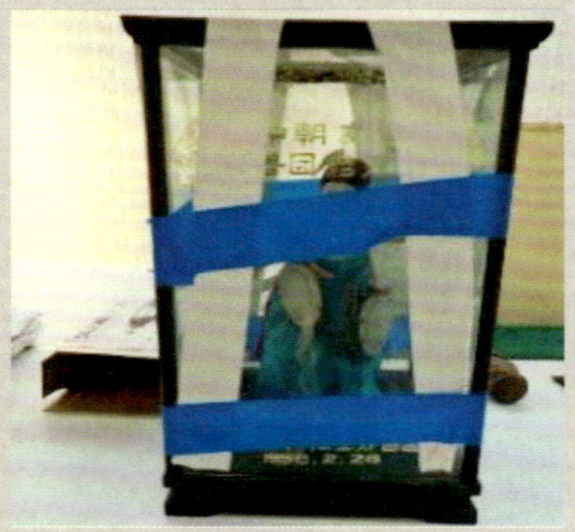</td></tr>
</table>

表 3-4 轻武器类文物现状和病害情况

排查出 260 件轻武器类文物需要进行保护性修复，参考与轻武器类文物材质相关的文物病害分类与图示标准规范，对该批文物进行病害分类统计，发现存在积尘、污渍、锈蚀、干裂等病害。

①积尘：文物表面积累尘土的现象。

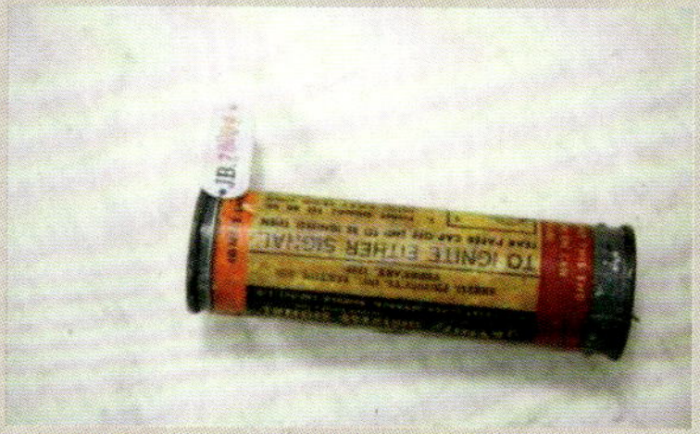

②污渍：文物表面上出现由积聚的尘垢和老化的润滑油脂等物质组成的污渍。

③锈蚀：金属基底上出现的生锈现象。

④干裂：木质基底因干燥出现开裂现象。

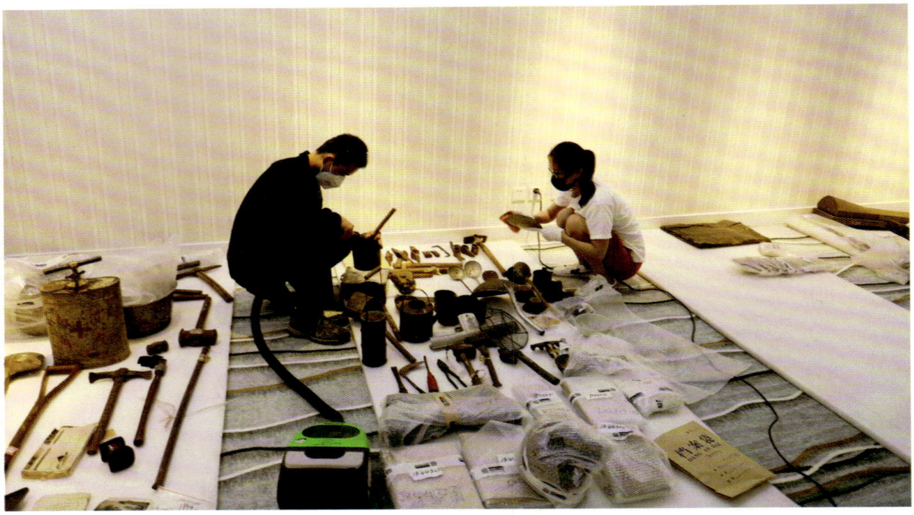

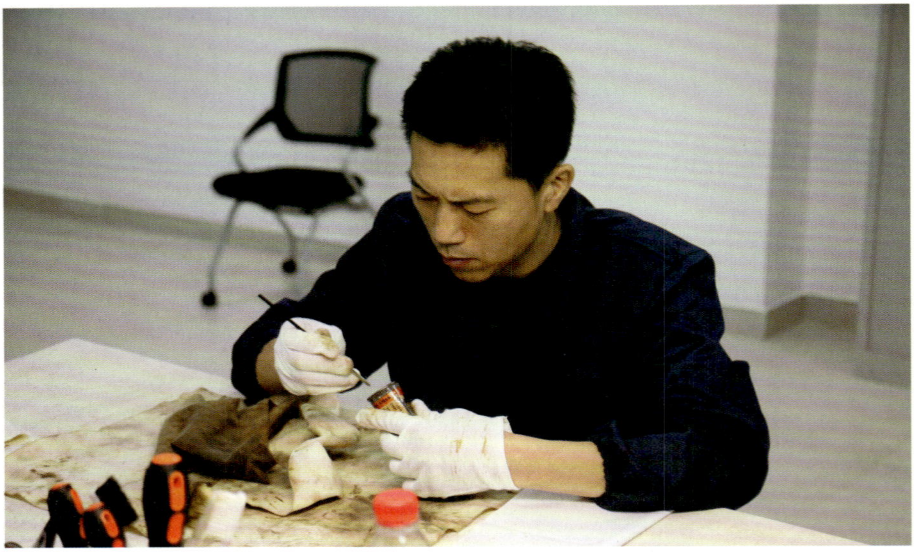

图 3-14　为金属器物类文物除尘（上）
图 3-15　为抗美援朝战争中缴获的信号弹去污除锈（下）

第二，明确修复目标，制订修复方法。根据各类文物的病害统计结果，结合文物现状，修复人员数量、技术水平，修复周期等综合因素制订了合理的修复目标和对应的科学修复方法，确保展览前能安全、高质量地完成此批文物的修复任务。经过多次研讨，最终确定了“（出库文物）全面保养、（展出文物）重点修复”的基本方针，全面进行文物的除尘、平整、消毒等基本保养工作（图 3-14、图 3-15），集中力量重点修复病害严重的文物。各类文物的修复目标及修复方法简介见表 3-5 至表 3-8。但表中的修复方法仅针对本批文物的主要病害整体而言，每件文物的具体修复方法需视文物的具体情况进行调整。

表 3-5　纸质类文物修复目标和方法

病害名称	修复目标	修复方法
残缺	根据情况进行修补	选择材质、厚度、颜色、纹理相同或相近的纸张进行补缀
积尘	表面干净，无积尘污染	软毛刷、微吸力吸尘器去除浮灰，减少画面上黏附的固态污渍
折痕	尽量抚平以减轻其弯折痕迹	用合适厚度、透明度、颜色的皮纸条，在折痕处进行单面或双面粘贴加固
水渍	通过清洗使其淡化或消失	用合适温度的去离子水进行清洗
微生物损害	消毒处理微生物残留，去除霉斑、霉迹等微生物损害痕迹	75% 的乙醇溶液擦拭消毒（需先进行写印色料的溶解性测试）；0.5% 高锰酸钾（$KMnO_4$）溶液擦涂霉斑，0.5% 亚硫酸氢钠（$NaHSO_3$）溶液清除高锰酸钾与霉的反应沉淀，蒸馏水清洗残留；1% 溶菌酶溶液涂敷霉斑，蒸馏水清洗残留
锈蚀	防止锈蚀扩散	拆除原钉，更换合适的装订方式

表 3-6 纺织类文物修复目标和方法

病害名称	修复目标	修复方法
微生物损害	消毒处理微生物残留，去除霉斑、霉迹等微生物损害痕迹	无水乙醇棉球擦拭
残缺	根据情况进行修补	丝网加固法；底层背衬方式选用材质、颜色相同或相近的材料进行针线法加固
破裂	加固、缝合	
糟朽	加固、强化	
污染	清理、清洗去除污渍或淡化污渍	根据污渍类型选用对应的清理、清洗方式
粘连	分离	回潮后，使用辅助工具将粘连部位慢慢分离
褶皱	尽量抚平以减轻其弯折痕迹	回潮后，使用辅助工具对织物进行经纬线方向的调整梳理，折叠褶皱处加湿或低温展平，自然干燥
水渍	淡化或消失	根据本体色牢度选择合适的清洗方法进行清洗
印绘脱落	黏合	将脱落物回位后进行黏合固定
不当修复	清除原不当之处，更正材料、方法	去除不当修复，重新修复

表 3-7 器物类文物修复目标和方法

病害名称	修复目标	修复方法
锈蚀	去除或减少表面浮锈和有害锈	物理除锈（使用刮刀、牙钻、可调速雕刻机等进行去锈处理）；化学除锈（根据本体金属类型选择合适的化学试剂进行除锈）

续表

病害名称	修复目标	修复方法
微生物损害	消毒处理微生物残留，去除霉斑、霉迹等微生物损害痕迹	用吸尘器清洁后，选择针对性的清洗剂擦拭去除
模型断裂	粘补加固	根据不同材质选择合适的黏合剂进行黏接，并补色
表面异物	清除异物	根据胶体类型和文物本体材质，选择合适的方法进行去除

表 3-8 轻武器类文物修复目标和方法

病害名称	修复目标	修复方法
积尘	表面干净无积尘	使用软毛刷和专用擦枪布清洁除尘
污渍	清理、清洗去除污渍或淡化污渍	以物理清除为主。对于积聚的尘垢，应使用鬃毛刷与百洁布进行擦拭，其中较为顽固的污渍，可视文物材质选用程度较硬的百洁布或专业圆头铲刀。对于老化的润滑油脂，使用擦枪布进行擦拭清除；文物内部不易直接擦拭清除的，要使用专业圆头铲刀结合弯头金属勺逐步掏出。金属质地部件表面和内部残留的少量油脂可以使用 2 号防护油溶解后擦除。老化严重已经变硬的油脂也使用 2 号防护油溶解后擦除
锈蚀	去除或减少表面浮锈和有害锈	使用百洁布与 2 号防护油。先将 2 号防护油涂在锈迹处，再使用百洁布进行擦拭以除去浮锈。百洁布应选用较软型号，以免对文物基底和漆层造成损伤。除锈后，在金属部件表面刷涂一层 2 号防护油进行保养处理。此外，对于刺刀刀刃等锋利部位，应使用麂皮布和抛光剂仔细打磨以除去表面锈迹，再在部件表面刷涂一层 2 号防护油进行保养处理
干裂	复润干裂部位	于木质部件表面刷涂一层核桃油，以达到保养复润的目的

第三，“传帮带”模式开展修复工作。本次文物修复工作时间紧、任务重，同时也是军博文物保护室成立以来第一次承担大型修复项目。虽然保护团队组员的热情很高，但不得不面对的实际情况是：待修复文物的品类多、病害复杂，修复风险较高，现有人员人数少且偏年轻化，缺乏相关保护性修复的实战经验。综合考量评估后我们认为，现有团队难以在短时间内高质量完成此次修复任务，需要团队外的修复力量介入共同协作。其他博物馆在修复力量不足的情况下，通常以购买社会服务或项目聘用专家的方式来解决此类问题。通过调研，我们发现社会具备修复资质的单位数量少且项目排期已满，从业人员的综合水平也是参差不齐，不能完全保障文物的修复质量和工期。与此同时，此次修复工作虽任务艰巨，但对于军博文保的新队伍却是一次难得的锻炼机会，项目外包的模式使自己的团队在项目中难以得到锻炼和提升。相反，项目聘用专家的模式优势明显，除能补足此次修复队伍人数和能力外，自身修复力量也能够全程参与其中，并在实践修复中积累经验、提高技术，一举两得。确定方案后我们聘请了纸质、纺织类文物修复等领域的 4 位专家全程对整个修复项目进行技术指导与修复实施。在项目实施过程中，文保室的修复人员全程参与，专家以修代培，军博的文保队伍在圆满完成此次修复任务的同时大幅提升了专业技术能力（图 3-16）。由于时间紧、任务重，馆党委特事特办，从结果正确出发，敢于担当，有效推进了这项工作的组织实施。事后，馆里结合这一实施模式，总结完善了相关作业流程和注意事项，为日后的工作制定了规范。

第四，选取修复场地。此次修复文物数量大、种类多，有的较重、易碎，不便运输，有的属于管制藏品，不宜离开库房库前区。为减少运输对文物造成的二次伤害，确保文物安全，修复地点需要结合具体情况认真考虑。在保护性修复进行的同时，也要考虑藏品、编辑、设计人员同时利用文物开展工作的需求，文物修复需要照顾到全局，文物提取方式应对其他部门工作影响最低。

对数量多、材质复杂、不宜搬运的器物类文物采取就地作业的方式，修复

图 3-16　文物修复人员与特聘专家共同修复破损的旗帜

保养人员自带工具材料至现场展开工作；对于管制类的轻武器，按编辑排序，少量提取到库前区轻武器修复保养工作室作业，当日提取，当日归库；对于需要专业的修复台和设备的纸质类、纺织类文物，分批提取至纸质类、纺织类文物修复室进行保护性修复。

本次保护性修复工作历时 3 个月，在馆领导的指导下以及藏品征集保管室、信息资料室、安全保卫室等相关部门的配合下，文物保护室克服时间紧、任务重的困难，基于最小干预、可逆性、可识别性以及最大信息保留等保护性修复原则，完成了 206 件纸质文物、90 件纺织类文物、40 件器物类文物、260 件轻武器类文物的修复任务。经过保护性修复之后，受损文物病害得以消除或减缓恶化，文物表面污渍得以清除，脆弱文物得以加固，达到了可以安全展出的要求，部分文物修复前后如表 3-9 所示。

表 3-9　部分文物修复前后对比

修复前	修复后
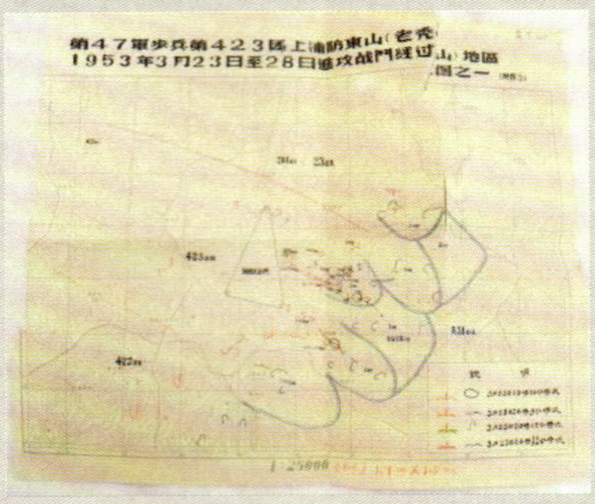	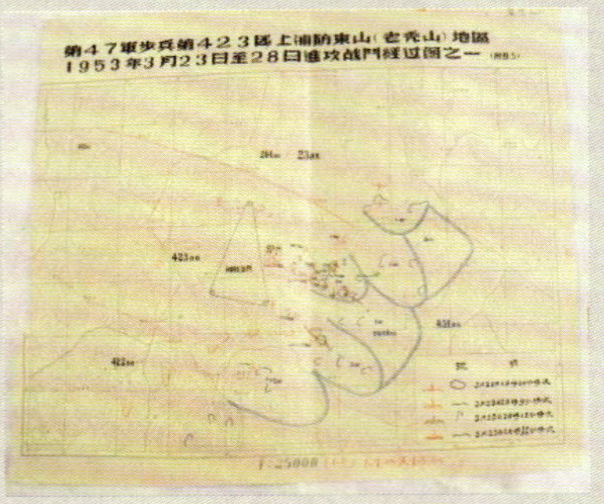

	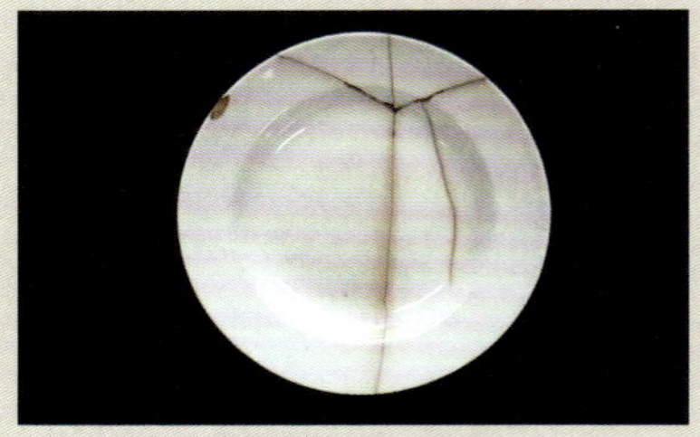

2.保护性展示

文物经岁月的流转，自身材料的物理性能随之下降。在展陈利用时，若不加强保护措施，很容易对文物造成不可逆的损伤。保护性展示既是对文物的预防性保护，也是对文物的尊重。以往的革命文物展陈过程过于注重文物的展示，忽略了对文物的保护，保护与展示缺乏有机统一。文物的保护性展示不是只考虑文物的保护措施而不考虑文物的展示效果，而是在充分展示文物、实现观众参观最佳视觉效果的同时，尽量避免文物受到不必要的损伤。如何协调文物保护措施与文物展示方法，在保证文物展示效果的同时兼顾文物保护，于二者之间达成一个平衡，这是一个新的课题，同时也是抗美援朝展览文物进行保护性展示的具体实践。

展览前期筹划过程中，首先需要调查待展文物的状况。文物保护室根据文物的现状逐件制定保护要求和展具要求，并及时与相关部门和设计施工单位沟通协调，抽取典型文物进行保护性展具试做，查验展具物料质量，确保保护性展示理念与要求落实到展陈设计和最终制作中。

在布展过程中，为保证保护性展示理念得以实施，相应措施需落实到位，以便进行文物的精细化布展。这需要预置文物保护性展示要求，认真做好人力分配，负责遴选上展文物的编辑、负责保障文物到场的库管、负责视觉展示的设计师（含展柜供货商）、负责文物保护的文保人员四方共同配合，流线作业，全程现场监督指导。上什么文物和柜内逻辑关系由编辑确定，如何分级展示由设计师设计，如何固定或保护由文保人员提出意见，几方共同研究确定布展方式。例如布展过程中，为首次展出的“中国人民志愿军”军旗如何裸展，负责纺织品文保的同志坚持保护第一，与设计师想尽了各种办法，花费了一个晚上和一个上午的时间，终于在保护前提下，实现了最佳的展示效果。

针对不同类型文物，我们采取了不同的保护性展示措施。

（1）纸质类文物保护性展示措施

此次展览的纸质类文物可分为纸张类文物和书籍类文物两种类型。纸张类文物是指数量为单页或未装订的多页纸类文物。书籍类文物是指已装订的多页纸类文物。布展方法有夹持法、卡纸中空固定法、直接展示法、托持法等（表 3-10）。布展时，要根据文物具体种类和放置角度的不同，综合选用合适的布展方式。

表 3-10　纸质类文物保护性展示措施

①夹持法 该方法是指将文物夹持起来的展示方法，在展览的同时还可起到固定和平整的作用。此种夹持法适用于面积较大或形状不规则的纸张类文物，如奖状、图纸、地图等，也适用于一般纸张类文物在平面展台或坡度较平缓的展台上的展示。	
②卡纸中空固定法 适用于体积较小、形状规则、质地较硬且有一定厚度的纸张类文物，如卡片、钞票等。	
③直接展示法 此法适用于已装订的多页纸类文物，即书籍类文物。可以根据情况在展台和文物之间衬垫亚克力板或无酸卡纸。	

续表

<table>
<tr><td rowspan="2">④托持法
在文物下方衬垫透明板材将文物托起固定的展示方法，所用材料常为亚克力板。当展示角度为斜面时，可以在底板上加 L 形或 U 形挡板，防止文物下坠和边角起翘。</td><td>
L 形挡板</td></tr>
<tr><td>
U 形挡板</td></tr>
</table>

（2）纺织类文物保护性展示

本次展览的纺织类文物主要包括锦旗、衣物、刺绣等类型。在纺织品的布展过程中，使用的布展材料和布展方式不能对文物造成损伤。在不造成损伤的前提下，选用的布展方式需要能够最大限度地展示文物的历史原貌与风格特征。在布展时，对符合条件的纺织类文物需要进行加固处理，即在保持纺织品现状的同时，通过一定的技术手段来增加纺织品的总体强度以便展览陈列。考虑到以上原则，布展方法宜选用直接展示法、亚克力板—卡纸夹持法、亚克力板托持法、卡纸中空固定法、磁吸固定法、直接悬挂法、支架托持法（表 3–11）。

表 3-11　纺织类文物保护性展示措施

①直接展示法 将文物直接放置在展台上的展示，也可以视具体情况在展台和文物间垫衬亚克力板或卡纸。对于状态良好、体积不大、无须额外固定的纺织类文物，可使用直接展示法。对于需要通过折叠才能进行展陈的纺织类文物，可以内衬薄海绵垫或在转折处加棉棒过渡折边，避免日久折叠处出现折痕。	
②亚克力板—卡纸夹持法 将文物夹持起来的展示，在展览的同时还可起到固定的作用。亚克力板具有多种优良性能，十分适合用作纺织类文物的夹持材料，适用于展陈一些比较轻薄、面积不大的纺织类文物，如绢、丝、棉布等。	 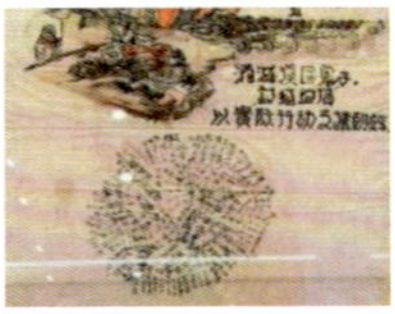
③亚克力板托持法 在文物下方垫衬透明板材将文物托起固定的展示。所用材料常为亚克力板。当展示位为斜面时，为了防止文物在展览陈列时发生位移，可使用此法。该方法也适用于一些质地粗糙且具有一定支撑强度的纺织品文物。	
④卡纸中空固定法 按照展板尺寸大小裁好相应的卡纸。之后，按照文物尺寸，在卡纸上选择合适的位置，裁出与文物大小形状相同的空白。空白处一般应居中。将卡纸与展板叠在一起，有色的一面朝外，无色的一面向内；再将文物置于裁出的空白处。最后，在卡纸上方覆盖一层与展板尺寸相同的亚克力板。我们将体积小、形状规则、质地较硬且有一定厚度的纺织类文物，如胸章、臂章等，用此方法进行展陈。	

续表

⑤磁吸固定法 磁吸固定法是指使用磁铁将文物固定起来的方法。我们用此法来展陈一些无法水平放置，且由于质地较软而无法自行展平，需要加以固定的文物。 固定文物的磁铁最好能置于文物内侧或夹层中，以避免外露。若磁铁外露，则在用磁铁固定前，需要用与文物固定部分颜色相同的无酸纸或布料将磁铁包覆,以免影响展示。选用的磁铁以条形和圆形为主。对于单层亚克力板展台，在固定时，可用正反两块磁铁将文物夹在板上。常规展台则可先按照展板尺寸大小裁好相应的卡纸；之后，按照文物尺寸，在卡纸上选择合适的位置加入金属部件并用胶粘、镶嵌等方式将其固定；再将文物放在卡纸上；最后，隔着文物在金属部件处用磁铁固定。对于面积较大需在墙面竖直展示的文物，可以在墙面上先固定一金属框架，再将文物用磁铁吸附固定在框架上。	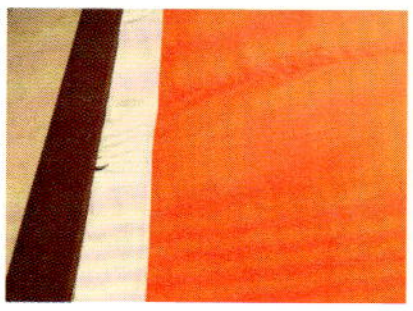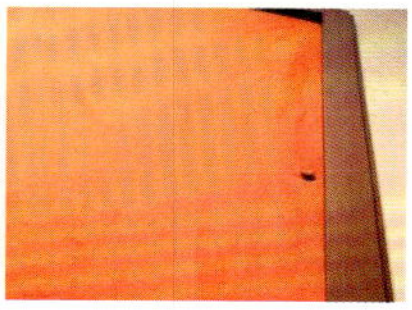
⑥直接悬挂法 此法主要应用于保存状况十分良好的旗帜和锦旗复制品。 这类展品主要为年代比较新的文物复制品，或是虽然年代略早，但是织物的纤维没有断裂、老化现象，机械性能较好的文物。具体可以使用钢丝绳悬挂法和尼龙搭扣悬挂法。	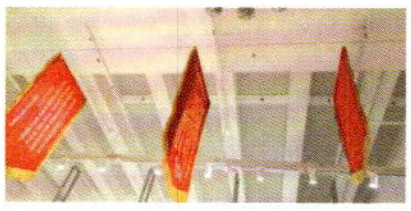

续表

⑦支架托持法 此法主要适用于帽型文物。 帽型文物因为形状特殊，且一般质地较软，若是直接摆放，顶部容易塌陷。即便是质地较硬、顶部不会塌陷的帽形文物，长时间的直接摆放也会使顶部织物因缺乏支撑、受力不均而产生不可恢复的形变，会对文物造成损害。因此，为了避免对文物造成损伤，对帽型文物需要采用支架托持法进行展示。使用支架托持法展示帽型文物，首先需要依据帽型文物内侧的具体形状选择合适的支架，必要时可对支架进行临场改型，使之能够更好地贴合文物的内表面。再将支架固定在展板或者墙面上。然后将 PVC 塑料软管按照支架与文物接触处的长度裁好套在支架上，以免支架直接接触文物。最后将文物放置在支架上即可。	 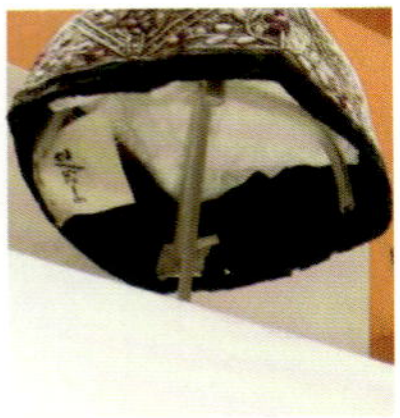

（3）轻武器类文物保护性展示

此次展出的轻武器类文物主要包括枪械类文物、弹药类文物、刀剑类文物三种。枪械类文物指各类手枪、步枪、冲锋枪、机枪等枪支文物以及如弹匣、刺刀等枪支零配件之类的文物。弹药类文物包括各种子弹、炮弹、手榴弹、信号弹、地雷、炸弹、蝴蝶雷等。刀剑类文物主要包括军官的佩刀、指挥刀等冷兵器类文物。这些轻武器类文物大多保存状况良好、质地较硬，可以直接展示或采用支架托持法进行展示（表 3-12）。其讲究之处，就在于托架、抓具要兼有柔韧度和牢固度，能够在与文物的接触面上实现“软接触”，同时托架与抓具的色彩还必须与文物相协调。

表 3-12　轻武器类文物保护性展示措施

①直接展示法 对于自带两脚架或三脚架的轻武器类和弹药类革命文物，可使用直接展示法。这样可以更加清晰明确地展示出文物本来应该具有的状态。	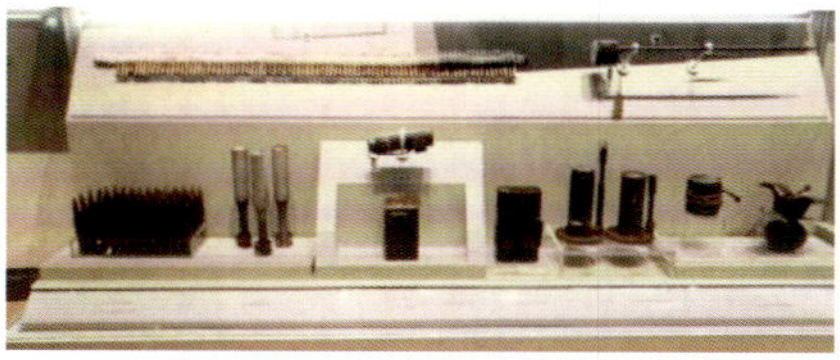 
②支架托持法 将文物用金属支架展具从下方或后方托起来展示的方法。有些文物由于自身形状特殊，无法直接放置在展具上；有些文物需要向观众进行多角度展示，采用直接展示法不能满足多角度展示的需求；有些文物受限于展柜展台面积而无法采用直接展示法。对于这些文物，支架托持法是一个比较合适的方法。	 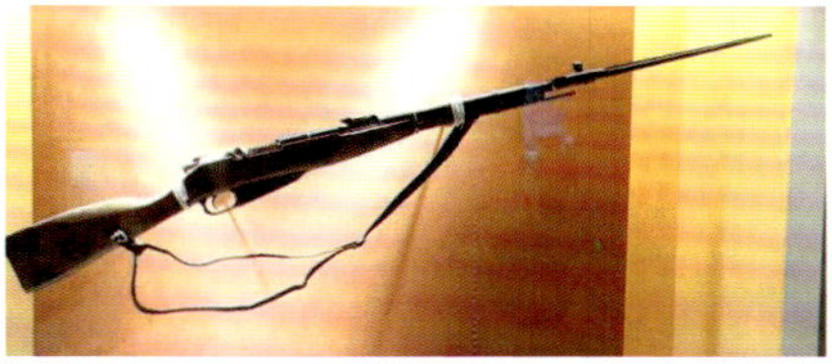

（4）器物类文物保护性展示

器物类文物种类众多，主要使用的展示方法包括直接展示法和支架托持法等（表 3-13）。

表 3-13　器物类文物保护性展示措施

①直接展示法 直接展示法是指将文物直接放置在展台或展托上的展示方法。可根据展柜或展台的形状、面积、高度等因素设置相应的展具，再将文物置于其上。文物下方可适当加垫一层卡纸或亚克力板。但此种方法只适用于易于摆放且无须多角度立体展示的文物。	
②支架托持法 将文物用金属支架展具从下方或后方托起来展示的方法。应用于自身形状特殊，无法直接放置在展具上的文物，或需要向观众进行多角度展示，采用直接展示法不能满足多角度展示的需求的文物。	

抗美援朝文物展品的保护性展示，初步规范了从不同种类文物的布展方法和手段方面，协调了文物的保护措施与展示方法，在保证展陈效果的同时兼顾文物保护，于二者之间达成一个平衡，既没有使观众的观展体验下降，又提高了文物展陈的安全性。因缺乏相关研究资料，受限于理论与实践的匮乏，此次展览保护性展示也是在探索中前进，不同类别文物的保护性展示方式还需要进一步完善。

策展时，军博投入人力、物力和财力，在文物保护上下足功夫，目的就是确保观众参观时不被文物状态影响观展体验。实践证明，这次文物的预防性保护和修复，是这次展示成功的关键之一。

四、数字技术赋能展示与传播

随着数字技术的成熟与应用，博物馆展陈数字化建设不再局限于线上数字展览，而转向数字化技术的综合运用，最终形成展览数字化体系。为响应文博行业的“云展览”趋势，适应技术发展，满足观众的多样化参观需求，借助线上传播优势带动线下实体参观，搭起英雄与观众间的情感传递通道，更好地发挥爱国主义教育作用，在前期招标阶段，我们已论证明确同步建设网上展厅和展厅数字导览。在实体展览制作过程中，我们结合数字全景、三维建模、移动互联网、VR（虚拟现实）、AR（增强现实）等技术对展览进行同步的数字化建设，通过建设线上数字展览、线上与线下结合的智能导览小程序、AR互动体验项目，以及线下的视频展示、留言亭等项目，多维度构建了一个展览数字化体系，并紧紧围绕弘扬爱国主义精神和革命英雄主义精神的主题，进行了互动体验设计，在给观众提供全景式、立体化、多层次观展服务的同时，带给观众更多的参与感、互动感、融入感，真正促进展览内容的传播传达，达到较好的宣传展示效果。相较行业数字化普遍做法而言，这是一次运用成熟技术的有突破性的实践。

（一）展品数字化和网上数字展示

1.展品数字化

为充分发挥数字展览的优势特点，展示实体展览难以呈现的内容，抗美援朝主题展进行了大量的展品数字化采集工作：平面展品的二维图像采集制作近500个，

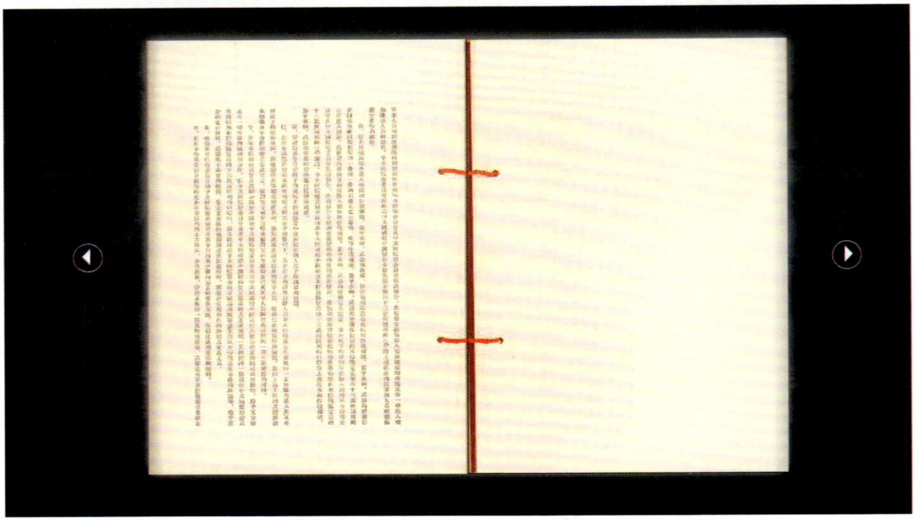

图 3-17　特级战斗英雄杨根思的一级国旗勋章、金星奖章（上）
图 3-18　《停战协定（中文版）》电子书展示（下）

图 3-19　曾南生在战斗中使用的卡宾枪的 720 度三维立体模型局部细节

立体展品的三维模型采集制作 20 余个，书籍档案类展品的采集及特效制作 10 余个。通过内容采集制作与热点内容添加，观众通过数字展览能够无死角地查看展品的细节（图 3–17）。电子书籍特效展示采用二维高清扫描配合动效制作的形式，实现手动翻页和自动播放的效果，能够更好地对书籍档案类文物进行内容展示（图 3–18）。720 度三维模型特效实现文物展品立体化、精细化展示，在鉴赏性方面达到优于实体展览的呈现效果（图 3–19）。

2.网上数字展示

自 2010 年上海世博会推出“网上世博会”起始，打造“永不落幕”的展览成为业界的共同目标。数字展览的形态可分为基于实体展览的数字展览、完全虚拟的数字展览、虚实结合的数字展览三种，也有学者将线上数字展览的形式总结为孪生型、衍生型、实体型三种。基于实体展览的数字展览把实体展览空间和展览内容，通过全景相机进行 720 度全景拍摄，继而通过三维建模、全景漫游功能开发，最终

图 3-20 网上数字展馆全景漫游展示（上）
图 3-21 网上数字展馆中的展板和文物展示（下）

形成实体展览的数字展览；完全虚拟的数字展览通过三维空间建模形成完全虚拟的展陈空间，展示空间不受实体空间限制，可以无限扩展，将数字化的展示内容嵌入线上展陈空间；虚实结合的数字展览是前两种数字展览的结合体，一部分结合实体展览的空间，另一部分对原有的展示空间或展示内容进行扩展。抗美援朝主题展数字展览采用基于实体展览的方式进行建设（图3-20）。这种形式的数字展览虽然最为常见，但是建设的水平参差不齐。高质量的数字展览不仅需要较高的图像采集精度、丰富的观众互动功能、友好的操作界面，还需提供流畅的观展体验，能够支撑高并发的浏览访问。

（1）超高像素全景采集与建模

抗美援朝主题展使用 WebGL 技术搭建全景场景，单张图像超过 1 亿像素，通过后期的拼接与合成，绘制 2 亿像素的场景图，最终形成超高像素的全景展示内容，还原现场的真实场景，实现 720 度的全景自由视角观看。同时，为了最大限度提高展示的精细程度，本次全景内容的拍摄采集制作采用去反光技术，通过现场灯光的处理和后期全景图片的拼接融合校色，去除玻璃展柜拍摄时形成的反光，让观众能够清晰地看到展柜里的展品，最大限度地提升了全景展示的效果（图3-21）。

（2）特色互动功能设计

抗美援朝主题展数字展览在实现全景漫游功能的基础上，设计了弹幕留言、全局搜索、自动导览等丰富的导览互动功能（图3-22）。弹幕留言作为新型的交流形式，使观众能够更加直接便捷地抒发感情、表达想法，观众之间能进行更好的互动，同时在系统后台配置了弹幕自动和人工审核引擎，保证弹幕显示内容的质量，杜绝了不良信息的传播。通过全局搜索功能，观众在搜索栏可以对展览中的所有热点展示资源进行一键搜索，点击搜索结果可以快速跳转到数字展览里的相关站点查看内容。将热点内容跳转到数字展览的展线里进行查看，更有利于观众对展品背后的故事、所处的历史环境进行整体性理解，提高展品定位查看的效率和展示的效果。自动导览功能提供快速浏览、详细浏览、沉浸浏览等多种导览方式，用户可以根据自己的

图 3-22　网上数字展馆互动功能菜单展示（上）
图 3-23　网上数字展馆多级加载应用全景呈现（下）

需要选择相应的导览方式进行自动漫游。通过自动导览全景漫游优化算法，观众能更方便地整体、系统地观看展览。

（3）多级加载技术应用

抗美援朝主题展数字展览同时支持 PC 端和移动端的高清浏览，展览采用多级加载技术，着力解决网络环境下高分辨率全景图的实时传输和快速显示问题（图 3-23）。利用加载显示全景图时只需要显示可视范围区域的特点，首先将单幅全景图切割组织成瓦片金字塔格式，然后通过分级分块加载全景图的机制，实现按需加载显示；使用图片切片算法，自动将 2 亿像素的超大图片按照层级切片，生成小的图片切片，保证全景的加载速度和效率。场景切换时，使用 WebGL 更换渲染纹理图片的方式进行更新，保证场景切换时浏览全景的流畅性。通过多级加载技术，既保证了数字展览内容的高质量及清晰度，又保证了观众观展的流畅性，同时还满足了多用户高并发的访问需求。

（二）场馆智慧服务的探索

抗美援朝主题展场馆智慧服务体系建设采用线上线下相结合的方式，观众只需通过“抗美援朝主题展导览”小程序就能享受参观前、中、后的全过程服务，实现“一部手机逛展览”，结合线下丰富的多媒体展项，产生代入感和沉浸感。

1. 智能导览小程序

微信小程序具有即扫即用、即用即走、用户基数大等特点，是博物馆为观众提供轻量级服务的优良载体（图 3-24、图 3-25）。观众到馆前通过线上浏览数字展览、展览介绍、参观须知等对展览有初步了解，然后通过预约门票、交通路线指引等功能完成参观准备；观众到馆参观过程中打开手机蓝牙，通过蓝牙信标定位（图 3-26），

图 3-24 导览小程序首页（左上）
图 3-25 导览小程序《英雄不朽》栏目内容页（右上）
图 3-26 蓝牙信标定位原理图（下）

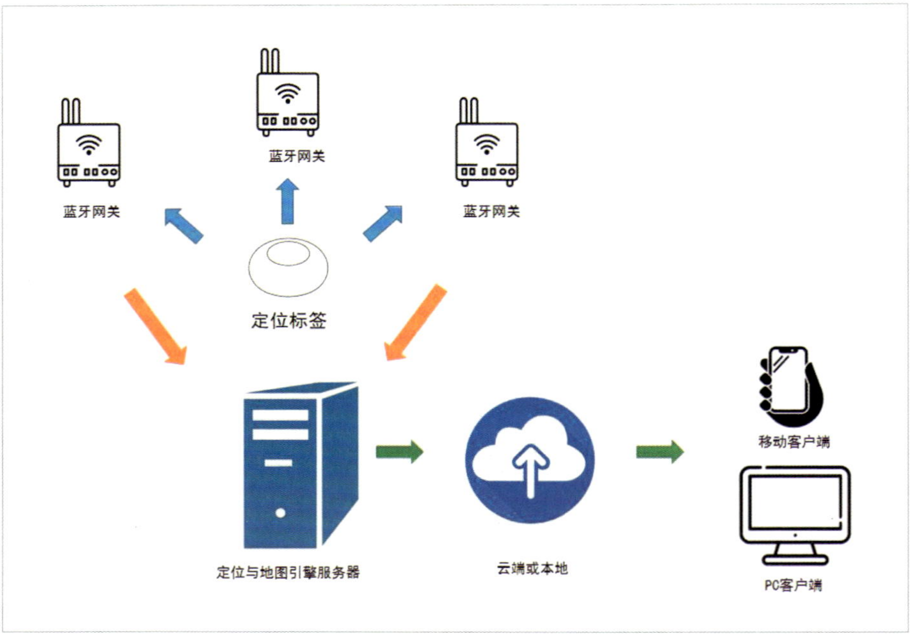

图 3-27　导览小程序内向英雄献花效果展示

在地图上显示出所在位置的展厅平面布局、主要展线和重点展项等信息，漫步展厅时可收听场景讲解，接收文物故事推送、服务设施指引等导览讲解服务；离馆后可查看“我的足迹”、留言反馈、收藏评论等版块，留下参观记录。

除满足观众对参观服务的基本需求外，我们还考虑到观众参观过程中情感表达的需要，策划了两个线上互动项目。

（1）动画特效增强线上参观仪式感

抗美援朝战争中涌现出了杨根思、黄继光、邱少云等可歌可泣的英雄人物，他们的英雄事迹是抗美援朝主题展的重要部分。根据这一特点，设计小程序时以致敬英雄为主线，将 56 位英雄模范人物的传略、相关的文物史料以图文列表形式专题展示。观众可以浏览英雄的光辉事迹，可收藏、分享英雄事迹。为了更好地让观众表达对英雄的崇敬，在小程序中增加了献花致敬功能，同时制作了献花过程动画和音效，使参与致敬更有仪式感，营造出较好的互动体验氛围（图 3-27）。

（2）线上参与调动观众观展热情

为更好地重温和传承抗美援朝精神，我们在《誓词传诵》互动体验栏目中展示中国人民志愿军誓词，邀请志愿军老战士代表、新时代英模代表、网络名人等领读中国人民志愿军誓词，体验为祖国而战、为和平而战、无惧任何艰难险阻、无惧任何强大敌人的豪情壮志，带动观众参与热情，增加传播热度。观众既可收听，也可录制属于自己的誓词诵读音频，音频经管理人员审核通过后将展示在精选诵读区，让观众之声成为线上展览的一部分，较好地提升了观众的互动参与性。

2.AR互动体验项目

情感传播具有“移情性”特征，即使人能够处于一种设身处地感受和理解对方心情的情感状态。对博物馆而言，把展览所要表达的情感移入观众内心、和观众一起感受是教育所要达到的最佳境界。将 AI 人脸合成、AR 等技术与展陈内容进行深度结合，开发 AR 互动体验项目，使观众在展览现场积淀的情感通过一个合适的出口释放和表达，也满足了观众参观过程中的另一需求。

抗美援朝主题展结合重点展项，策划和制作了“跨过鸭绿江”“鏖战长津湖”“上甘岭战役”“最可爱的人”4 个 AR 体验项目（图 3-28、图 3-29、图 3-30、图 3-31）。当观众参观至“跨过鸭绿江”部分内容时，通过手机导览小程序扫描展墙上的 AR 互动体验识别图，即触发与内容关联的 AR 体验程序。观众在手机上可以浏览抗美援朝历史事件的前因和背景，并通过“报名参军”这一互动环节体验当时热血青年踊跃加入志愿军、不畏牺牲保家卫国的坚定决心和爱国精神。“最可爱的人”AR 互动将观众带入与“最可爱的人”对话的情景之中。杨根思、黄继光、邱少云等英雄的名字浮现在飘扬的五星红旗上，《英雄赞歌》缓缓响起，烘托出庄严肃穆的氛围。观众可浏览英雄光辉事迹，留下自己的感言，

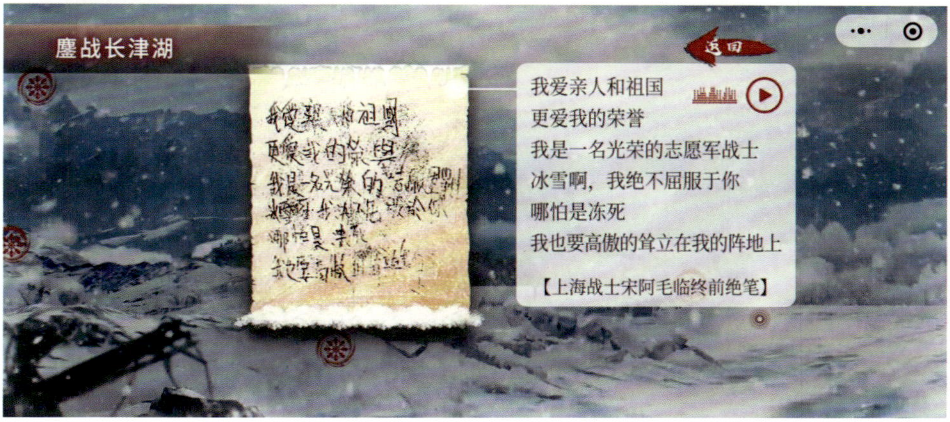

图 3-28 “跨过鸭绿江”AR 互动体验项目（上）
图 3-29 “鏖战长津湖”AR 互动体验项目（下）

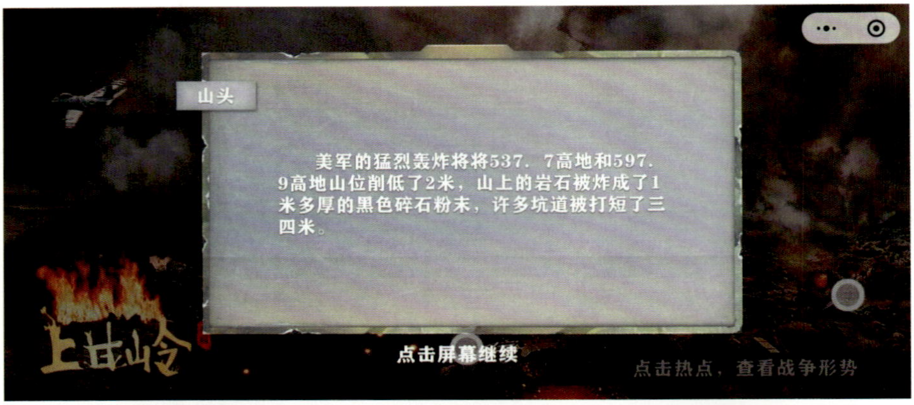

图 3-30 “上甘岭战役”AR 互动体验项目（上）
图 3-31 “最可爱的人”AR 互动体验项目（下）

图 3-32　“鏖战长津湖”多媒体展项

将场景图片分享至朋友圈，进一步展示和传播英雄事迹。这种以情感为桥梁，线上线下融合，通过情感主体活动和过程影响传播受体，并形成互动与共享的方法，是一种传播目标达成效果较好的数字化应用形式。

3.线下的数字化建设

在展览数字化建设中，线下实体展厅通常采用屏幕显示类（含 LED 大屏、环幕投影、异形投影等）、数字沙盘类、虚拟仿真类、多点触控类、互动体验类（含地面互动、体感互动、全息互动等）等表现手段。抗美援朝主题展在重点展项中综合运用了多媒体手段，如序厅的“铭记伟大胜利　捍卫和平正义”开篇视频，展线各部分“为了和平”历史影像，“鏖战长津湖”冰天雪地场景（图 3–32）与“上甘岭战役”硝烟滚滚的战场场景的重现等。这些多媒体展项对展览内容作出有意义的诠释，增添了情感色彩，丰富了表现形式，使观众沉浸其中。

展示技术先进性不是展览的最终目的。技术与内容的匹配度、满足观众的参观心理需求才是策展人所要追求的。另外，情感传播需遵循传播主体在情感互动中的对等均衡原则，也强调传播主体和受众的“双在场”，以面对面的信息沟通和情感互动来消弭人与欣赏对象间的距离感，寻找对话的共同点和贴近性。为此，抗美援朝主题展在实体展厅中特别设置了类似央视推出的《朗读者》节目中的“留言亭”。留言亭具有观众留言、视频采集、存储和回放功能，观众走进留言亭，在一个相对独立的空间看到《英雄儿女》等经典影像片段，瞬时就被带入特定的历史场景，很容易产生情感交流的欲望。面对镜头，有观众对自己过世的志愿军父亲倾诉思念之情，有大学生观众表达对英雄的崇敬与感激，还有小朋友在家长的陪同下留下寄语。很多感人的画面被记录下来，这些留言视频在线上发布后，无数的网友被留言观众的真情实感打动，产生强烈的共鸣，纷纷点赞转发，留下精彩评论，成为展览情感传播的催化剂。

随着5G、Wi-Fi 6、混合定位、虚拟现实和人工智能技术日趋成熟，博物馆人把握观众参观行为、运用数字技术加强情感传播的经验也日渐丰富。博物馆展陈数字化建设必将具有良好和广泛的应用前景，也是一个极具生命力的研究方向。

（三）新媒体推介和直播

1.呼应时代潮流与观众需求

展览自2020年10月19日开幕后，迅速引发参观热潮，共有240万名观众穿越山海，从全国各地来到军博参观。在观众持续高涨的参观热情下（图3-33），

图 3-33　雨雪天观众排队等候参观展览

展览闭幕几经延期。这是时代在呼应历史，也是历史在反哺时代。同时，我们也不断从线上私信留言中看到观众的种种诉求：有些观众由于参观预约限额，迟迟没有预约成功；有些观众受限于疫情防控等因素，无法来到北京、来到军博参观；还有很多上了年纪、行动不便的观众，也表达了他们无法现场观展的遗憾之情。这些呼声让我们愈发意识到，伟大的抗美援朝精神、波澜壮阔的战斗场景、可歌可泣的英雄事迹……这些都需要一个更加广阔、跨越时空界限的平台来展现在更多观众面前。同时，抖音数据报告显示，2021 年，博物馆相关短视频观看量超过 380 亿次；2022 年，全国三级以上博物馆抖音内容覆盖率达 98.64%，播放量超过 394 亿次，相当于全国博物馆一年接待观众人次的 72 倍。因此，充分利用好新媒体传播平台展示主题展览全貌，讲好抗美援朝的伟大故事，既是迫切的社会需求，也是我们责无旁贷的光荣使命。

2.为展览插上新媒体翅膀

近年来，我们紧跟移动互联网发展趋势，依托丰厚的馆藏红色资源，致力于“讲好红色故事，赓续红色血脉”，逐步建立起以抖音、快手、微信视频号为主力，以门户网站、微信公众号、新浪微博、B 站为辅助的新媒体矩阵，为观众带来深度与力量突出、知识与趣味兼顾的各类内容。抗美援朝主题展开幕后，军博新媒体迅即响应，聚焦展览重点，策划发布了一系列有内涵、有深度、有“网感”的精品内容。其中以微信公众号、微博等为主要平台，发布相关图文 120 余篇，总阅读量超过 1000 万次。原创图文稿件《11 月，中国最热泪盈眶的展览》通过翔实数据和实拍照片，全方位呈现了展览特色亮点及观众踊跃参观的动人场景，配合观众亲笔写下的大量观展体会，既饱含温情，又催人奋进（图 3-34）。文章被新华社、中国军网等媒体广泛转载，使得展览在开幕伊始便在网络上引发广泛关注与热议。

依托抖音、快手、B 站等平台，军博新媒体共发布相关视频内容 80 余条，总播放量超过 4 亿次。其中既有黄继光、杨根思等英模人物功勋事迹的动情讲述，也有“北极熊团”团旗、英雄的 215 号坦克等重点文物的细致解读，还有“七一勋章”获得者王占山、长津湖战役亲历者何伯超等志愿军老英雄参观展览的真实记录。这些特色鲜明、类型丰富的视频，既是对展览内容的扩展与延伸，也让“抗美援朝、保家卫国”的豪迈誓言穿越 70 多年的时光，以一种极具活力的方式久久回荡。2022 年 2 月 14 日，正逢西方情人节，我们制作推出了志愿军一级英雄、特等功臣曹玉海的爱情故事短视频，获得 1400 万次播放量、26 万次点赞，许多观众留言表示，这才是最值得歌颂的爱情，起到良好的价值导向作用（图 3-35）。

开展直播是展现场馆全貌、深度讲解科普的有效办法。我们依托主题展览，共计开展线上直播 30 余场，累计辐射观众超百万人次。其中既有解说员直播解

图 3-34　军事博物馆官方微信服务号发布的展览相关图文（上）

图 3-35　官方抖音号“军事博物馆”发布的展览相关文物解读和英雄故事短视频（下）

图 3-36　官方抖音号“军事博物馆”发布的专家讲解和解说员直播相关短视频

读展览内容，也有专家学者直播讲解抗美援朝兵器和文物，还有与电影《狙击手》《跨过鸭绿江》等影视剧剧组的合作联动，多种传播形式相辅相成、百花齐放，军博新媒体在网络平台建立起了与主题展览遥相呼应的红色精神高地（图 3-36）。

3.老一辈无私奉献，新一代必须建好红网、火红宣扬

在实践中我们意识到，新媒体传播不是讲解工作的简单位移，而是在传承红色基因的基础上，深入研究平台传播的特点规律，有效解决红色故事与时代

要求的深入对接、深度融入问题。

一是要讲活文物故事。短视频与图文内容能否吸引读者注意，核心在于能否提供有价值的内容。实践中，我们感到照本宣科、照搬照抄吸引不了观众，甚至会起到负面作用，必须聚焦浏览习惯、平台特点量身打造内容，抓住观众稍纵即逝的注意力。通过深入分析，定位“讲好文物故事，让文物活起来”这一习近平总书记对文物工作的具体要求，我们邀请馆内外专家、讲解员出镜，努力把“老资料”变成“活资源”。例如我们推出的“黄继光牺牲后家中 16 人相继参军”“志愿军和美军冬装对比”“‘孤胆英雄’刘光子如何用 PPS-43 冲锋枪抓获 63 名俘虏”等短视频讲解，均从馆藏文物出发，深挖背后感人的英雄故事，获得播放量 1000 万余次、点赞量 20 万余次的传播效果，为弘扬抗美援朝伟大精神、增强爱国主义教育起到有力的推广作用。

二是要聚焦时事联动。作为革命历史类博物馆和纪念馆，与时政结合具有天然优势，在出现社会广泛关注的事件时，找好角度切入，鲜明表达立场，能够起到良好的传播效果。例如第九批在韩志愿军烈士遗骸归国时，我们与退役军人事务部等单位联合开展了 72 小时大型主题直播，数十万网友进入直播间“亲历”仪式现场，铭记烈士功勋。除时政外，我们同样聚焦广大群众喜闻乐见的各类热点事件，真正做到服务观众、贴近观众。例如广受好评的电影《长津湖》在军博举行开机发布会后，我们当晚就制作发布了相关短视频介绍活动情况，并邀请主创人员对抗美援朝主题展进行推介。电影上映后票房持续走高，我们又借势发布了主创人员参观抗美援朝主题展的短视频片段，电影的巨大热度、主创人员的粉丝号召力结合展览自身的过硬品质，各方面要素相互促进、协同发力，起到良好的宣传效果（图 3-37）。

三是要坚持交流互动。新媒体的交互性为红色文化传播提供了广阔空间，这一点在主题展览的宣传推介上同样有所体现。展览开幕后，我们收到不计其数的观众留言、私信、弹幕，有“点单”文物故事的，有提出意见建议的，有探讨历史知识的，有提供文物线索的，也有表达思想情感的，等等。我们注重即时沟通、定期反

图 3-37 官方抖音号“军事博物馆”发布的《长津湖》剧组参观展览的短视频

馈、舆论引导，使观众参与感更强、体验感更深，通过不断设置议题、开展活动，使抗美援朝精神、英雄故事及军博自身更加深入人心。后续，还可以建立起“粉丝后援团”，发展线上志愿者团队，为文物征集、关爱英雄、亮剑意识形态出谋划策、贡献力量，把新媒体变成文博工作的新增长极、爱国力量的新优势。

五、专业管理理念助力展览制作

这次展览在特殊时期、特殊背景下举办，无论是上级领导机关，还是主办单位自身都有很高的要求和期待。其一，随着军博自办工厂裁撤，2016 年至 2017 年，军博首次招标委托地方公司进行展览布展。建成的“纪念中国工农红军长征胜利 80 周年主题展览”“庆祝中国人民解放军建军 90 周年主题展览”和基本陈列质量满意、成效良好，但也存在着发包方式不理想、计价方式不明确、组织管理不规范、部分布展公司实力不强等不足，有的还因为审计问题进行了整改，受到了处罚。时隔 3 年，再次组织大型展览建设，我们需要全面总结经验、提升管理水平。其二，随着改革推进，军博编制规格、内部机构、工作人员都有较大调整。这是在新的体制格局、新的领导班子、新的工作形态下举办的第一个展览，需要创新思路方法、磨炼培养队伍。其三，随着社会主义文化事业蓬勃发展，军地文博行业迎来了前所未有的建设发展期。2019 年，中央军委作出重大决策部署，决定构建以军事博物馆为龙头的新时代军史场馆体系。作为龙头单位里的龙头项目，我们需要抓住难得机遇、争创标杆示范。

（一）展览制作特点难点和应对策略

军博举办的这次展览规模体量相对较大，布展项目覆盖较全，同时具有大部分展览的普遍特点，组织建设规律和需要克服的矛盾问题基本是一致的。最具代表性的有以下几点。

1.展览是复杂和综合的系统工程，如何科学组织管理，发挥最高效率

现代展览建设，是社会化大生产的过程，需要众多单位、众多资源参与，精细分工、协作完成。比如，内容设计就涉及历史学、博物馆学、考古学等，形式设计涉及心理学、传播学、人体工程学、建筑学、灯光照明学、印刷技术学、多媒体技术学、美学等，布展建设涉及组织管理学、工程学、材料学、声学、光学等。因为学科综合、程序复杂，一个展览就需要上级机关、博物馆自身、地方公司等很多单位组成一个庞大的组织机构。抛开展览建设任务不谈，把这个组织机构顺利组建起来，顺畅运转起来，保证效率、不出问题，这本身就是个难题。而且大型展览参建单位内部人员一般是临时抽组，单位与单位之间没有隶属关系，各自工作机制、管理文化、目标要求都不相同，就更增加了挑战。对此，军博在展览布展前很长一段时间就着手研究这一问题。

一是建章立制。组织学习国家、军队关于工程与展陈建设项目的法规政策，邀请法律、工程和展陈专家来馆授课培训，结合前几年展览建设存在的问题，查缺补漏，研究制定《展陈设计施工一体化招标暂行办法》《展陈布展施工管理规定》《展陈项目建设管理责任制实施办法》《展陈建设监理单位管理办法》《展陈设计变更管理暂行办法》《经费结算报销暂行规定》等十余项制度。

二是组建机构。由馆党委全面负责展览筹备工作，给一名馆领导充分授权，具体主抓展览建设。在全馆范围遴选编研、设计、文物、信息化、财务、工程管理、招标采购人员参加展陈建设管理组，设招标采购、内容与形式设计、布展管理、文物征集与陈列等小组，明确负责人和工作分工。在这一过程中，军博重点把既懂工程建设管理、过程造价控制，又敢于担当的年轻同志放到第一线，让他们牵头展陈建设管理，负责统筹承建单位、监理单位和造价咨询单位，成为展览顺利筹建的关键因素之一。

三是端正认识。展览建设具有典型的工程项目特点，学习项目管理知识、

图 3-38 军博和展览的设计制作、监理、造价咨询等单位共同进行艺术品现场验收

树立项目管理思维、掌握项目管理方法是非常必要的。我们的每位展览建设人员都投入了一定时间学习项目管理知识，初步掌握项目的决策、计划、组织、控制、协调等理论，找准自身的角色位置，树立服务意识、全局意识，力求在任务中发挥应有价值。

四是选好单位。经验告诉我们，正确选择设计、布展、监理、咨询等单位是顺利完成项目建设的基本前提。选择错了，用再大力量去督促帮助都无济于事。基于这一点，我们下大力气调研优化招标方式，围绕企业人员实力、类似业绩经验、拟派项目班子等设置评分项，在合同草案中明确规则条款，最终对遴选的中标单位是比较满意的（图 3–38）。

2.展览是技术和艺术的巧妙结合，如何加强过程控制，保证最优效果

每个展览都是独一无二的，它们的差异之处，一个是陈列内容主题不同，另一个就是呈现形式风格不同。呈现形式风格，需要筹展人员结合灵感和艺术，反复构

思精细设计；还需要布展人员结合技术与工艺，现场操作精雕细琢，最终把一个个想法、一张张蓝图转化为现实。这里的艺术不仅指雕塑、绘画等美术作品，而是一个大的概念，包括陈列空间、布局流线、色彩氛围、场景艺术、展品陈列、灯光照明、特效音效等。大多数单位在这方面都面临两个困扰：一是设计上缺少思路创意，效果平庸暗淡，始终达不到心理预期；二是设计效果很好、图纸光鲜亮丽，布展完成后却成了另外一回事，有的甚至与效果图风格迥异、落差极大。这些问题军博也都遇到过。此次展览中我们特别注意了以下三个方面：

一是建设模式。全面推行设计施工一体化发包方式，把设计与布展施工委托同一家单位实施。其相较传统的设计与施工分开发包的优势是，项目标的额较大，大型的、实力较强的展览公司更有兴趣参与，经费总体平衡使用，避免设计费低没人愿意干、布展利润高大家挤破头的情况。展览反映的是一家单位的工作成果，体现的是设计布展的总体水平，公司更愿意在各项资源上增加投入，毕竟完成好了，既能得到预期利润，还会收获很好的社会效益和口碑，这对有长远发展目标的企业来说是极其重要的。而且每家企业都有自身的企业文化、运行机制、工作规则，一家专业的展览公司会根据自己的项目执行经验，在前期策划和设计环节就充分考虑后期施工的各种情况，使得施工可以比较轻松地完成。由于配合默契，布展团队也能最大限度地理解并还原设计效果，甚至把展览建设得比效果图还好看，即便中间出现任何问题需要进行设计变更，也能够以最快的速度协调，达成设计和施工的一致。

二是组织方式。展览设计的思路灵感抄不来也买不来，需要的是对历史背景、对展览大纲、对建筑环境、对展品文物的深刻理解，并通过空间和艺术形式加以表达，这里的关键因素是“人”。我们的优势是，多年来积累了不少抗美援朝相关的文献档案、文物藏品，也有一些研究成果和办展经验；改革调整后，编制员额数量有所减少，但依然保留了够用的编研、文物相关专业人员，而且还有一定数量的展览设计人员。我们在馆内人员中挑选专家骨干与展览公司项目负责人一起具体负责展览编辑设计，选拔公司有经验的设计师与我们的编辑、设计、文物同志结成设计班子。大家没有马上投入设计工作，而是认真了解上级机关和馆领导关于办展的主要考虑和基本想法，学习展览大纲，观察文物实物，听老同志讲述战争历史背景、历史故事，讲述以往办展经验和不足，有的还外出走访抗美援朝老战士、考察抗美援朝纪念场所等。大家到展厅交流碰撞、绘图研究，不断地研究修改、审查提升。前文提到的很多设计亮点，就是这样形成的。

三是关键环节。这次展览涉及的雕塑、景观、绘画等艺术品数量不少，我们要求展览公司派经验丰富、艺术造诣高的艺术家负责创作。无论是场外制作还是现场创作，都与具体操作人员深入沟通，进行技术交底，使设计与施工人员思路统一。

3.展览是经营与营利的市场行为，如何管好用好经费，争取最大效益

展览建设归根结底是一项社会经济活动，没有资金的投入、利益的驱动，每一步工作都是无法进行的。我们的任务是管好用好国有资金，花更少的钱办更好的事。公司的目标是以最低成本实现合同目标，争取更高利润。这本身就存在一定矛盾，而且由于策展的特殊规律，管理难度更大。

一是单平方米造价高。按照目前相关主管部门发布的、唯一的展陈工程投资规范性文件——《陈列展览项目支出预算方案编制规范和预算编制标准试行办法》（财政部 2017 年印发），博物馆综合费用上限为 1.4 万元 / 米 ^{2}、纪念馆 1.2 万元 / 米 ^{2}。军博 2017 年建设的两个主题展和另外几个基本陈列都尽可能节省开支，投资也达到 0.9 万元 / 米 ^{2} 左右，还没有包括基础设施建设、文物藏品征集修复、讲解接待等配套开支。

二是设计变更多。展陈项目一般依据粗略建设需求或展览大纲进行设计施工单位招标，准备工作较充分的项目，一般也只有概念性方案。设计施工单位和中标方案确定后，要进行深入的需求对接和方案调整，布展建设过程中，也有一个不断深

图 3-39 轻钢龙骨展墙结构安装施工

化、再次创作的过程，最终的建设成果与最初方案比较起来变化是很大的，有的甚至是颠覆性的。无论采取何种计价方式，方案的极大变化，对造价管理都是不利的。

三是布展工期短。这主要有两方面原因：其一，展陈项目以现场加工组装与场外加工场内安装为主，作业面大，连续性强，效率极高。例如展墙采用轻钢龙骨型材现场组装（图 3-39），其次为防火阻燃板、石膏板，最表面为油漆或裱糊工艺。这些项目可以连续作业压茬推进，没有一般房建和装饰工程的湿作业及养护周期。在现场施工的同时，展柜、灯具、图文展板、艺术品等也在场外加工，条件具备时直接进场安装即可，这就大大缩短了布展施工时间。如果不考虑方案设计、施工图设计周期，一个展览从开工到竣工是可以在 2 ~ 3 个月内完成的。其二，行政干预导致的压缩工期和赶工问题。展陈建设，特别是具有重大政治意义的展览，各级机关和领导关注多，往往存在筹备阶段重视不够、进度迟缓，布展期间过度干预，临近收尾不顾客观规律盲目赶工期的情况，从而导致造作失控、投资增加。

四是偏门冷门多。展览中有大量的辅助展品，包括沙盘、雕塑、绘画、模型、场景复原、综合装置、多媒体等。这些项目有的计量规则不明确，有的造价信息没覆盖，有的市场份额小、竞争不充分，有的属于艺术品、创意成分多，都给造价管理带来不少困难。

对此我们采取的措施是：

一是采用合理的计价方式。展陈项目合同计价方式有固定总价、固定单价、费率下浮 3 种，各有优劣。其中，固定单价方式在招标前需要有比较详细的展陈方案、相对准确的施工预算、较充足的招标时间。布展过程中，展览范围和标准不宜出现大的调整，否则风险就很难控制。固定总价方式要招标前编制工程量清单，所以对展陈方案设计深度、招标周期也都有一定要求，实施中是根据布展公司中标单价和实际工程量计价，很容易通过设计变更突破预算。而这次展览是依据展览大纲招标，且时间紧急、后期功能需求发生变化可能性较大，无论是采用固定单价方式还是固定总价方式都是存在很大弊端的。为此，我们认真研究，采取了费率下浮方式。这是传统的成本加酬金方式的一种。在展览招标时，我们以测算的展览制作费、设计费等为基础确定招标控制价，要求投标人以下浮率报价，最终以招标控制价 ×（1− 中标下浮率）确定签约合同价。设计施工单位完成施工图设计后，以确认的施工图为依据，采用合同约定的计价定额、费率、信息价编制施工图预算，经审核后的施工图预算结合中标下浮率确定合同总价。为了确保总额不超支，我们还明确，展览结算价不得超过签约合同价，督促展陈公司优化设计、改进技术、节约成本，把总投资控制在预算范围内（图 3-40）。

二是分级实施经费管控。展览投资管理是一个内容渐进明细、逐步真实准确的过程，绝不是一个账本管到底。比如，在设计施工单位招标前，我们编制最高投标

图 3-40 会同造价咨询单位进行现场检验、评估雕塑

限价，签订合同时又明确合同价，初步设计阶段编制审核设计概算，施工图设计阶段编制审核施工图预算，展览建成后编制审核工程结算。前者作为后者的控制指标，后者是前者的细化补充。每一步都认真研究、精打细算，充分考虑变更洽商、物价上涨等风险因素，实施严格的限额管理和审批制度，发现执行偏差及时研究采取措施。

三是关注敏感特殊项目。雕塑、绘画、模型、场景、视频等有“艺术”和“创作”成分，展柜、专业灯具等市场份额小、技术要求高，这些项目又是展览公司的主要利润点，市场询价困难，审价谈判难度较大。对此，我们在合同中明确计量计价规则，如雕塑可以参照《雕塑》杂志社与中国工艺美术学会雕塑专业委员会 2020 年发布的《城市雕塑艺术工程量清单计价定额》《城市雕塑创作设计收费标准》，没有参考标准的则在合同中明确为暂估价项目，通过分包招标确定合理价格。此外，还与造价咨询单位一起，围绕展览常用材料设备进行市场调研，掌握行情规律，在计价结算时依据大量数据信息进行协商谈判，因客观性强很有说服力。

4.展览是建筑和装饰的工程分支，如何正确摆位守规，确保最好效应

对于展览布展的行业划分，展览圈内一直存在争议。一种声音认为，展览工程属于建筑装饰装修范围，是建筑工程市场的一部分；另一种认为，展览艺术创作成分和特殊布展项目多，与装饰装修工程有很大区别，应在行业区分上特殊对待。客观地看，我们既要认识到展览陈列工程中艺术、科技类项目多，具有设计要求高、调整修改量大等特殊性，更要承认展陈项目与建筑工程特别是装饰装修工程的一致性：即建设规律是一致的、组织程序是一致的、矛盾问题也是一致的。展陈项目中存在的非标项目、设计修改、艺术创作等，装修工程中也是有的。而且从展览陈列企业资质、人员从业资格（国家认可的资质资格都是建设行政主管部门核发的）、建设管理规律等情况，以及展陈行业规范看，展览陈列工程就是装饰装修工程的一个分支。为了正确定位展览项目与建筑工程的关系，保障施工效果，我们采取的措施是：

一是提高防范意识。作为展览的牵头组织单位，会长期面对持展览特殊论的单位和人员，其中有的目的是好的，是为了引起重视、特殊对待、保证效果。而有的却是为了不执行建筑行业的规定，追求便利和高额利润。我们的做法是，工作程序上要严格制度化、规范化，组织创作上可以扩大视野、敞开思路、不拘一格，这样就避免了钻空子的问题。

二是依托专业人员。既然把展览作为工程来管理，就应当遵守工程建设法规程序，而这又是一项政策性、专业性很强的工作。这次，我们返聘工程建设领域专家进入展陈建设管理小组，规范展览建设程序，同步建立制度标准，在完成建设任务的同时，还培养帮带了一批新人。

三是规避易发问题。在军博上一轮展陈建设中，审计部门进行了跟踪审计，把握的原则也与建设工程项目一致，发现的问题有变更洽商没有及时确认、材料设备以次充好、项目管理人员不在位等。我们再次组织学习问题通报和整改情况，分析研究这次展览的风险点，在招标文件编制、合同起草、组织管理上采取措施加以规避。

（二）参建单位的构成和遴选

这次展览我们依据国家和军队关于工程建设管理的相关规定，结合展览项目建设特点，把各参建单位全面引入，密切团结协作、发挥各自职责。

1.参建单位遴选组织的依据

展览建设招标采购适用法律法规主要包括《中华人民共和国招标投标法》（简称《招标投标法》）、《中华人民共和国政府采购法》（简称《政府采购法》）以及相关实施条例和细则，军队系统也出台了配套的政策规定，它们的主要区别见表 3-14。

表 3-14 《招标投标法》和《政府采购法》的异同

	《招标投标法》	《政府采购法》	异同点
采购实施组织形式	1. 满足资质要求的业主自行招标或委托招标代理机构招标； 2. 从中介超市选择招标代理机构	1. 满足资质要求的业主自行招标或委托集中采购机构或采购代理机构招标； 2. 从中介超市选择采购代理机构	1. 均为满足资质要求后业主可自行招标、采购； 2. 均为不满足资质要求须通过书面合同委托有（相关）资质的第三方代理招标或采购
监管部门	1. 国家发展改革委负责指导、协调全国招标投标工作； 2. 工业和信息化部、住房和城乡建设部、交通运输部、水利部、商务部、审计署等部委，依据相关的职责分工对有关招标投标活动实施监督	各级人民政府财政部门对有关采购、招标活动实施监督	1. 国家发展改革委、工业和信息化部、住房和城乡建设部、交通运输部、水利部、商务部、审计署等是标准或一定规模以上的工程、设备和服务采购的监管部门； 2. 各级人民政府财政部门是除标准、一定规模以上的工程、设备、服务之外使用财政性资金采购工程、设备、服务和货物的监管部门
采购方式	1. 公开招标； 2. 邀请招标； 3. 不招标	1. 公开招标； 2. 邀请招标； 3. 竞争性谈判； 4. 单一来源采购； 5. 询价采购； 6. 竞争性磋商。 （《政府采购法》通常将公开招标、邀请招标称为招标采购方式， 除此之外的采购方式统称为非招标采购方式）	均可采用公开招标、邀请招标采购， 但适用《政府采购法》的工程、货物、设备、服务等的采购，采购方式更多
适用范围	工程采购，与工程不可分割的货物采购，勘察、设计、监理等服务采购	采购人使用财政性资金采购集中采购目录以内或采购限额标准以下的工程、货物和服务	1. 限额标准以上的工程（含与工程建设有关的货物、服务）采购，优先遵循《招标投标法》，使用财政性资金采购限额标准以下的工程（含与工程建设有关的货物、服务），优先遵循《政府采购法》。 2. 使用财政性资金采购集中采购目录以内、限额标准以上的货物、服务，遵循《政府采购法》的招标采购管理办法；使用财政性资金采购集中采购目录以外、限额标准以下的货物、服务，遵循《政府采购法》的非招标采购管理办法。 3.《招标投标法》所指的服务专指工程项目的勘察、设计、监理等，而《政府采购法》所指的服务泛指除工程和货物以外的其他采购对象

续表

	《招标投标法》	《政府采购法》	异同点
采购方式适用情况	1. 公开招标：①与社会公共利益、公众安全关系密切的基础设施、公用事业项目；②全部或部分使用国有资金或国家融资的项目；③使用国际组织或国外政府贷款、援助资金的项目。 2. 邀请招标：属于公开招标有下列情形的项目经项目审批、核准部门同意后采用：①有特殊要求、技术复杂或受自然环境限制；②采用公开招标费用占项目合同金额比例过大等。 3. 不招标：①需采用专有技术或不可替代的专利；②业主依法自行提供、生产、建设；③采用招标方式选定的投资人能自行提供、生产、建设；④续建项目重新招标将影响项目功能或配套要求等	1. 公开招标：使用财政性资金，采购金额在限额标准以上的工程、货物、服务采购。 2. 邀请招标：有以下情形经采购监督管理部门批准后采用：①因特殊要求只能从一定范围的供应商处采购；②采用公开招标方式时发生费用占采购项目总价值比例过大。 3. 竞争性谈判：有以下情形经采购监督管理部门批准后采用：①公开招标或邀请招标后不符合要求的供应商或依法重新招标未成立；②因性质复杂或技术有特殊要求，采购前不能确定具体详细要求或规格；③采用招标方式，时间不能满足采购人要求；④因项目实际情况，采购前不能计算出价格总额。 4. 单一来源采购：有以下情形经采购监督管理部门批准后采用：①只能从唯一潜在供应商处采购；②项目建设或实施工程中发生了不可预见的情况不能从其他供应商处采购；③为保证原采购项目的配套性或一致性，添购不超过原合同金额 10% 的采购活动。 5. 询价采购：有以下情形经采购监督管理部门批准后采用。采购的货物标准、规格统一，现货货源充足且价格变化幅度较小。 6. 竞争性磋商：是政府采购方式的有益补充，当采购项目属政府和社会资本合作项目或具有类似形式，经采购预算主管部门同意后采用	1. 无论是《招标投标法》还是《政府采购法》，达到一定规模、标准、数额的项目都应该进行公开招标； 2. 当采用公开招标以外的方式采购时，都需通过相关项目监督管理部门的批准； 3. 政府采购活动的方式相对较多，同一项目在一定条件下采购方式可以转化。例如， 采用公开招标方式采购货物、设备或服务时，招标后无合格标的或重新招标，仍没成立的，经项目立项部门批准可采用邀请招标采购或询价采购
采购文件发布媒介	在国务院发展改革部门依法指定的媒介上发布，例如国家、省、市的公共资源交易网等	在省级以上人民政府财政部门指定的媒体上发布，例如财政部政府采购网、省级政府采购网等	1. 适用《招标投标法》的采购对象通常通过各级公共资源交易网等媒介发布； 2. 适用《政府采购法》的采购对象主要通过各级政府采购网等媒介发布； 3. 为使采购活动更具竞争性，均可同时在多类媒介上发布

关于展陈项目性质，不同系统不同单位有不同界定，有的按工程项目管理，有的按服务项目管理，性质不同决定了适用的法律不同。招标前，我们在展览设计施工项目界定是“工程”还是“服务”这方面花了不少精力，做了大量沟通协调工作。因为工程项目的招标程序、使用的合同范本对展览项目更适用，我们希望按工程项目组织展览建设招标，但工程管理部门认为展览建设经费来源与工程项目不同，且没有建设计划等审批手续，无法组织招标。几经周折，最终还是按照服务项目组织的招标采购，同时为便于管理、减少纠纷，把工程项目招标及合同示范文本相关内容整合到了招标文件中。

2.监理单位的遴选

监理单位是国家法定的建筑市场主体之一（根据《中华人民共和国建筑法》和《建设工程质量管理条例》规定，投资在3000万元以上的公用事业工程必须实施监理），是受建设单位委托，依据法律、法规和监理合同等，代表建设单位对质量、造价、进度进行控制，对合同、信息进行管理，对建设相关方的关系进行协调，并履行安全生产管理法定职责的有偿技术服务单位。2015年之前，军博大多数展览由自己组织，不仅负责设计、布展、采购材料设备，还直接承担了整个过程的监督和管理职能。这种管理模式，好处是自家的项目自己管，熟悉情况、效率较高，分内之事、尽职尽责。缺点也很明显：大家大部分是学历史、设计、文物等出身，没有工程管理经验，纰漏时有发生。随着展览建设项目管理逐步规范，监理单位参与建设、发挥监督管理职能已成为常态。

我们总结前期经验后发现，监理单位在展览建设项目中暴露的主要问题有：“挂靠”情况比较突出，外单位人员借用资质承揽业务，履约能力一般；成立投标专用班子，“账面”数据光鲜亮丽，形成中标一班人、干活另一班人的局面；恶意低价中标，进场后变更合同，或降低服务质量；人员素质一般，缺乏展览监理经验，不能有效发挥监管作用。对此我们采取的措施是：

一是采用公开招标方式。在中国政府采购网、军队采购网等多个公共媒介发布招标公告，同时通过多方渠道邀请实力强、信誉好的监理单位报名投标，扩大企业来源，鼓励公平竞争。

二是优化评审办法。采用综合评估法，重点是考核企业资质、企业业绩、企业信誉、总监理工程师资格条件、监理团队各专业人员配备等，特别是突出强调了对企业及团队类似展览监理业绩、获奖情况的要求，对于符合条件的给予一定加分；监理费方面，取消过去包干价、低价中标的做法，采用费率报价形式，报价趋于平均值的得高分，正负偏离较多的得低分，结算时依据展览设计布展实际投资及中标监理费率重新核价，做到多劳多得、风险可控。

三是优化监理合同。设置严格的监理人员考核处罚条款，实施打卡上班、定期考核制，对人员不到位、履约不达标的各种情形明确一定处罚措施，尤其是经济处罚的具体金额，让企业知敬畏、严要求。明确具体服务内容，包括前期阶段、招标阶段、布展阶段、竣工验收阶段、保修阶段等应做好哪些服务、发挥什么职责、承担什么责任，都在合同中明确下来。最终我们选定的监理单位是合格的，服务质量是满意的。

3.造价咨询单位的遴选

造价咨询常常被人们称为投资监理，它不是国家法定的项目参建单位，但是由于我们采用设计施工一体化发包方式、费率下浮总额控制计价方式，就需要委托一家造价咨询单位进行全过程的造价管理。造价咨询与监理一样，都是智力服务行业，人是决定能力水平和管理成效的关键因素，而且由于造价咨询直接参与建设投资的决策与控制，对从业人员的政策把握、市场了解、风险预判、沟通协调等能力要求更高。2021 年《国务院关于深化“证照分离”改革 进一步激发市场主体发展活力的通知》印发后，工程造价咨询资质在全国范围内取消，造价咨询单位办理好营业执照就可以从事相关业务。这就更加降低了企业从业门槛。因此，选择造价咨询单位时，要把拟派项目负责人资质作为主要考核标准，要挑选取得执业资格证书、工作经历丰富、有展陈造价管理经验的人。

军队财务系统一直比较重视工程造价管理与审核工作。我们的上级部门军委机关事务管理总局公开招标，从地方工程咨询公司中优选一定数量单位建立了数据库，成立专门部门负责管理、监督和考核。首先，这次展览的造价咨询单位是从数据库中遴选的，由于入库时已经进行全面审核，这次再优中选优，企业实力是没有问题的；其次，遴选时我们注重人员能力水平和展览服务经验，专业也要对口；最后，有军博和数据库管理单位的双重考核监督，履约情况也是满意的。

4.设计施工单位的遴选

展览设计施工单位是真正一线"干活儿"的，设计能力、施工水平都得强。随着这几年展览建设规模扩大和投资增加，展览公司数量大增，鱼龙混杂。我们需要解决的是怎么从众多企业中把最好的单位选拔出来，具体做法是：

一是优化招标规则。除了采用公开招标的基本做法外，在投标报名阶段增加资格预审环节，由评标委员会对企业资质、业绩、拟派设计和项目管理人员进行综合评审、打分和排序，遴选有限数量的优秀单位入围；第二阶段，入围单位依据展览大纲和预算进行限额设计，通过 3 轮评审，确定中标单位、中标方案和下浮费率。

二是合理分配建设经费。招标前，委托造价咨询单位测算工程总投资，并对设计施工费进行细化分配，明确展览设计费、施工制作费、暂估价、暂列金额等具体项目数额。其中，展览设计费方面，参照《工程勘察设计收费标准》计算，考虑到这次展览中的"创意""艺术"成分多，修改变更可能量大，设计费按上限标准计取；暂列金额主要用于可能发生的展览变更、合同价款调整以及索赔和现场签证，我们按展陈制作费的 10% 左右计取。这些内容都在招标文件中作了明确，让展览公司设计有据，心里有底。

三是优化合同条款。合同是招标文件的重要组成部分，在招标阶段就应当把各种情况考虑清楚，在合同内容中表述到位，而不是到了签合同时才考虑这个问题。因为在签约阶段协商谈判难度是很大的，而且很多内容已经通过招投标成为事实，很难再作实质性更改。我们所做的工作主要是增加对设计布展单位项目管理和设计人员的约束，明确各类人员每周驻场时间、变更的条件、违约的处罚办法和经济处罚金额等，避免在投标时将公司最精干人员组织参加投标，实施过程中又以各种理由进行变更，削弱团队力量；把质量、安全、进度等方面的考核制度纳入总承包合同条款，有利于实施过程中的监督管理；明确计价方式和计价依据，特别是将前文所述的特殊项目的价格计算方式都在合同中具体明确下来，避免引起争议；对总承包费用可变更的范畴进行明确界定，特别是约定了变更洽商项目的范围——布展公司按审定方案完成施工的合格项目，建设单位要求拆改调整的可作变更洽商处理，据实审核增加合同费用。

此次展览筹建，军博受领任务时已是 2019 年底，距离明确的开幕时间不足 10 个月，待我们完成前期准备，向上级主管采购单位申报采购需求时，仅剩不足 6 个月。考虑到上级招标采购流程预计不少于 3 个月，后经与上级机关反复沟通和当面磋商，最终确定由军博自行组织招标采购，因此我们的压力就更大了。不过，经过军博精干力量的合力推进，最终顺利完成招标遴选，选取了满意的公司进场，探索了展陈招标的基本经验，极大地增强了干净做事的信心，为日后连续两年的展览招标工作打下了良好基础。

5.材料设备检测单位的遴选

材料设备是组成展览的最小单位，是保证质量的基本要素。展览中使用不合格材料设备的后果是非常严重的，有的会降低使用功能，使展览达不到设计效果；有的存在安全隐患，会造成伤亡事故或重大财产损失；有的散发有害气体或存在放射性，隐蔽性很好、伤害性极强。在这次展览建设中，我们参照工程建设项目做法，在材料设备进场时由建设、监理人员进行验收，重点核查品种、规格、外观和尺寸等，重点是查看装箱清单、设备说明书、产品质量合格证书和性能检测报告等文件，对进口设备还要检查是否有商检合格证明文件。在此基础上，我们与参建单位一起，对多家材料检测单位进行考察，综合考虑企业资质、检测项目覆盖范围、取样和检测周期、交通便捷性及收费合理性等情况，优选确定一家单位，由军博直接委托负责展览材料设备复试。先后对瓷砖、涂料、木材、油画布、地毯、线缆、胶黏剂等十余种材料进行复试检测，主要检查环保、防火、技术性能等方面，结论合格后才能在现场使用。

（三）组织实施流程和文书示例

展览布展有特定的组织流程和施工工序，遵循原则是“先审核后实施、先验收后施工（下道工序）”，按照时间先后顺序主要有以下工作。

1.审核确认施工图纸和技术交底

军博一般是在展陈方案报批同意后，组织展览公司绘制施工图，之后召开图纸会审会、设计技术交底会，也可以两个会议合并召开。会议由建设单位组织，建设、监理、造价咨询、设计布展单位项目负责人及主要部门负责同志参加会议。除此之外，一般还邀请展陈、装饰、消防、艺术等方面的专家参加会议。会议主要程序是：建设或监理单位主持人发言→设计方进行图纸汇报交底→专家组、建设、监理、造价咨询、布展施工技术人员等代表提问→逐条研究→形成会审记录文件→签字盖章后生效。

审核与交底中应关注以下内容：①是否无证设计或越级设计；图纸是否经设计单位正式签署，审签人员是否有相应专业执业资格；②设计依据是否合理充分，图纸与说明是否齐全，对于分批出具施工图的是否有供图的时间表；③专业图纸之间、平立剖面图、节点大样图、版式图之间有无矛盾，标注有无遗漏或错误；④结构安全、环保、防火、消防是否满足要求；⑤是否符合法律、规范、行业标准要求；⑥是否满足制图标准要求，设计深度是否满足施工需要，特别是艺术展项施工图（制作图）是否充分表达设计构想和制作工艺；⑦材料来源有无保证，新材料、新技术的应用有无问题；⑧是否存在不能施工、不便于施工的技术问题，或容易导致质量、安全、费用增加等方面的问题；⑨新增结构、电气线路、设备装置与建筑物之间有无矛盾，布置是否合理，是否满足设计功能要求；⑩施工安全、环境卫生有无保证；⑪ 图纸是否符合监理大纲所提出的要求。

2.编制施工组织设计方案

布展公司依据经确认的图纸，结合现场情况，编制施工组织设计方案报监理和建设单位审核；监理单位调整监理规划、编制监理细则，报建设单位审核。报审表样式如下。

施工组织设计（方案）报审表

工程名称： 编号：

<table>
<tr><td>致：
我方已根据施工合同的有关规定完成了____________工程施工组织设计（方案）的编制，并经我单位上级技术负责人审查批准，请予以审查。
附：施工组织设计（方案）

承包单位（章）________
项目经理________
日　期________</td></tr>
<tr><td>专业监理工程师审查意见：

专业监理工程师________
日　期________</td></tr>
<tr><td>审查意见：

项目监理机构________
总监理工程师________
日　期________</td></tr>
</table>

3.召开第一次工地会议

会议应包括以下主要内容：①建设、监理、造价咨询、设计布展单位分别介绍各自驻现场的组织机构、人员及分工；②建设单位根据委托监理合同宣布对总监理工程师的授权；③建设单位介绍工程开工准备情况；④设计布展单位介绍施工准备情况；⑤建设单位和总监理工程师对施工准备情况提出意见和要求；⑥总监理工程师介绍监理规划的主要内容；⑦研究确定各方在施工过程中参加例会的主要人员，召开工地例会周期、地点及主要议题。第一次工地会议由建设单位组织，监理单位负责起草会议纪要，并经与会各方代表会签。

4. 依据图纸进行场地测量放线

将展墙、展具、辅助展项的位置、形状和高程标定在施工现场的各个作业面，组织各参建单位现场察看，主要是检查放线准确性，感受实际空间效果，对于重要部位、重要场景还可以搭建简易的临时结构，使空间感受更加真实。对于没有达到预期设想的应及时调整方案，避免带来更大损失。设计布展公司应同时填写施工测量成果报验申请表，请监理审批。报验申请表样式如下。

________报验申请表

工程名称：　　　　　　　　　　　　　　　　　　　　　　　　　　编号：

<table>
<tr><td>
致：
我单位已完成了________工作，现报上该工程报验申请表，请予以审查和验收。
附件：

承包单位（章）________
项目经理________
日　　期________
</td></tr>
<tr><td>
审查意见：

项目监理机构________
总 / 专业监理工程师________
日　　期________
</td></tr>
</table>

5.报送审核开工申请

设计布展公司报送开工申请，监理单位审核批准开工。审核主要内容：①施工图纸已获批准；②施工组织设计已获批准；③现场管理人员已到位，机具、布展人员已进场，主要布展材料已落实；④成品保护措施已到位。报审表样式如下。

工程开工 / 复工报审表

工程名称： 编号：

致： 我方承担的________________工程，已完成了以下各项工作，具备了开工 / 复工条件，特此申请施工，请核查并签发开工 / 复工指令。 附：1. 开工报告 2.（证明文件） 承包单位（章）____________ 项目经理____________ 日　　期____________
审查意见： 项目监理机构____________ 总监理工程师____________ 日　　期____________

6.进行展览基础工程施工

包括装饰装修、建筑给排水及采暖、建筑电气、通风与空调、建筑智能化、消防工程等，按建筑工程相关规定进行检验批、分项工程、分部工程验收。

7.进行展览制作施工

包括展墙、展具（展柜、壁龛、展台等）、辅助展项（展板、场景、模型、沙盘、绘画、雕塑、多媒体展项、互动展项）、灯具等制作。展览制作一般分场内、场外两部分进行，其中展墙、辅助展项基础结构、场景环境主要在展厅现场制作安装；同时场外进行展具、辅助展项相关内容的创作、制作，待现场制作项目完成后进场安装。一般按照顶部、墙、地面顺序进行收尾。过程中需按《展览陈列工程技术规程》等标准规定，进行检验批、分项工程、分部工程验收（图 3-41）。

图 3-41 组织展览竣工预验收

8.对整个展览进行初步调试

组织展品布展，而后进行精准调试。调试重点是核实展览内容及展品准确性，对设备进行试运转和检测，对基础照明、辅助照明、重点照明、层次照明等进行设置，取得最佳照明效果。

9.组织专项检测和专项验收

对消防、电气、室内环境、展柜等进行专项检测并出具检测报告，组织专家对艺术品和场景进行专项验收并填写专项验收记录。专项验收记录表如下。

专项验收记录表

<table>
<tr><td>工程名称</td><td colspan="4"></td></tr>
<tr><td>专项验收项目</td><td colspan="4"></td></tr>
<tr><td>建设单位</td><td colspan="4"></td></tr>
<tr><td>设计单位</td><td colspan="4"></td></tr>
<tr><td>监理单位</td><td colspan="4"></td></tr>
<tr><td>施工单位</td><td colspan="4"></td></tr>
<tr><td>专项验收
内容／部位</td><td>质量／艺术
效果要求</td><td>制作／创作单位
检查评定</td><td colspan="2">行业专家验收结论</td></tr>
<tr><td></td><td></td><td></td><td colspan="2">日期：　年　月　日</td></tr>
<tr><td></td><td></td><td></td><td colspan="2" rowspan="3"></td></tr>
<tr><td></td><td></td><td></td></tr>
<tr><td></td><td></td><td></td></tr>
</table>

<table>
<tr><td rowspan="5">签字盖章栏</td><td>建设单位</td><td>项目负责人：</td><td>日期：　年　月　日</td></tr>
<tr><td>行业专家</td><td>组长：　　副组长：</td><td>日期：　年　月　日</td></tr>
<tr><td>设计单位</td><td>项目负责人：</td><td>日期：　年　月　日</td></tr>
<tr><td>监理单位</td><td>总监理工程师：</td><td>日期：　年　月　日</td></tr>
<tr><td>施工单位</td><td>项目经理：</td><td>日期：　年　月　日</td></tr>
</table>

10.报送《工程竣工报告》并组织验收

建设完成后设计布展公司进行自检，认为具备竣工验收条件后，报送《工程竣工报告》，建设单位组织各参建单位进行竣工验收。竣工验收主要程序是：①设计制作单位汇报合同履约情况及在工程建设各个环节执行法律、法规和工程建设强制性标准的情况；②监理单位汇报合同履约情况并宣读工程质量评估报告；③验收组人员审阅建设、设计制作、监理单位的工程档案资料；④实地查验工程质量；⑤签署工程竣工验收意见。

11.移交给展览管理单位人员

展览设计布展单位对展览管理单位人员进行培训，办理资料和展览移交，同步完善交接书面资料。组织完成竣工结算，支付工程尾款。

12.维修保养

展览进入维保阶段，维保期一般为 2 年。

（四）布展施工的经验做法

1.聘请法律顾问是规避风险的重要手段

随着中国特色社会主义法治体系不断完善，展陈建设市场不断成熟，平等的经济合同关系观念深入人心，各参建单位依法管理、依法维权成为常态。这次展览规模大、投资多、工期紧，为解决法律专业人员力量不足问题，规避法律风险、维护合法权益，我们聘请法律顾问参与展览建设，成效是比较好的。提供的主要服务内容是：

第一，解答展陈建设中的法律问题，包括提供法律解释，阐明其法律关系、法律后果及相应的法律责任；提出依法处理意见，并研究提出可供选择的几种方案。

第二，审查合同内容是否合法，如有无涉及违反法规条款，有无变更招标文件内容情况，签订合同的程序是否合法等。审查合同履行的可行性，调查签约对象的资信情况、技术水平、施工能力等，以及施工进度、质量、造价方面的可行性和合理性。

第三，参与相关招标采购活动。主要是参与招标文件审核，及时准确地提供法律意见，协助草拟合同等有关法律文书，做好合同审批、公证等手续。

第四，参与纠纷调解、仲裁和索赔等活动。

第五，进行法制宣传教育，开展普法知识讲座，提高建设单位人员素质和管理水平。

2.解决质量通病是保证展览效果的主要抓手

我们在多年组织展览建设的过程中发现，展览的常见质量问题有：版面色差严重，文物保护措施不到位，艺术品、场景艺术效果未达预期，成品破坏等。这次我们通过技术措施、组织措施解决了这些问题。如在版面施工时先制作样板段，经建设单位和监理验收后再大面积制作；通过灯光设计、展柜恒温恒湿设计保证文物安全；对技术难度大、制作工艺复杂、效果难以把控的雕塑、绘画、沙盘、模型、多媒体影片、互动展项等，加强从设计到制作的全过程管理，聘请专家加强指导（图3-42），正式制作前先审查小样方案，及时调整偏差，保证效果；加强对成品的保护，避免后续工序对成品的损坏。

图 3-42 组织专家评审验收

3.严抓施工安全是时刻不能放松的关键环节

展览布展工程安全隐患很多，如失火、触电、坠落、文物损坏等。尤其是纪念性展览，开馆日期明确，建设周期较短，加班赶工、交叉作业情况突出，安全风险很高。而一旦出现安全事故，后果是无法承担的。我们牢牢把握“预防为主，安全第一”的原则，制定安全管理制度，由建设和监理单位设置安全管理人员，布展单位设置安全员，进行常态巡查和每周联检；重物起吊，大型展品、雕塑、艺术品安装等危险性较大的工程，制订专项施工方案，通过论证后再组织实施。另外，在审查展览方案时，明确展览设施不能对既有消防设施和疏散通道造成影响，不能发生追求展览效果降低安全标准的情况。

4.关注难点堵点是保证按时开展的有效手段

这次展览具有很强的政治性、时效性，进度滞后、延期开放的后果也是承担不起的。但因上级主办单位多、参观人员规格高，方案审查和现场审查都很慎重和严格，布展时间尤为紧张，设计变更也较多。另外，由于设置较多的展柜、场景、艺术类内容，场外加工项目数量增加，制作周期延长，这些都给按时完成布展带来不小的挑战。对此，我们在展览方案基本明确后，组织参建单位研究梳理主要布展内容，找出关键线路，明确分项目启动和完成时间及过程控制节点，如基础装修施工、展墙施工安装、强弱电安装、场外加工项目制作安装、艺术品创作、文物陈列、保洁调试验收等环节的启动时间、过程主要节点、完成时间等。严密监控各分项目启动和进展情况，对于进度滞后的及时会商分析问题成因，制定纠偏策略，增加监控频率，直至按时完成。对展柜、雕塑、模型、沙盘、绘画的制作都是每周跟踪进度，后期派人驻场监督效果、催促进度，从而保证了全部内容按时完成。

铭记伟大胜利

Bear in Mind the Resounding Victory

观展

『英雄生命开鲜花』的时代回响

当展览从版式小样、施工蓝图渐渐“出落”成展厅的立体实景时，一线服务团队出场的时刻也临近了。从展览全过程看，开幕开放是个标志性节点。特别是对于党和国家级大展而言，如果说此前的审查期主要是经受筹展体系内部的各级领导、专家的政治审查及专业评判，那么当展览拉开帷幕亮相时，它将正式跃入公众视野，成为公共文化生活的热点事件，迎接各界参观检阅（图4-1）。

一、社会影响力的全维研判

展览作为公共文化产品，质量和效益如何，要接受行业内部的审视，经受群众和市场的评判。但对重大任务指定型展览而言，还要先经受各级领导机关审查把关的评判，而且这是尤为关键的一环，如果审查未通过，会带来能否如期建成开放等一系列问题。抗美援朝主题展如期开幕后，上级部门指示延长展期，某种程度上是对展览建设成效的最大肯定。为领导和专家所认可，吸引观众争相参观、细细品读，并有正向传播分享冲动的展览，才是真正具有影响力

图 4-1　观众排队等候参观展览

的文化产品。可以说，围绕展览这个系统工程的各项工作，就是要瞄准如何统合好领导站位、专家视角、群众需求，寻找最大公约数，建设展览、提供服务。

一是领导站位，出于政治性和现实性考虑，要服务中心、大局、长远，围绕“举旗帜、聚民心、育新人、兴文化、展形象”高起点谋划。领会领导意图，也要防止浅移植和硬灌输。二是专家视角，出于专业性和可行性考虑，要以博物馆特有的方式叙事传情达意，借助实物展示、影像再现、场景还原、讲解社教等，完成抗美援朝的历史叙事和当代阐释。体现专家意志，也要防止高冷范和小众化。三是群众需求，既出于追求美好生活的需要，也受个人利益与偏好影响，年龄、性别、职业、地域、经历等都是影响因子，他们对知识、情感、思想、审美的期待，要在展览中获得满足、引领。将高品质与接地气结合好，尊重群众愿望，不是简单迎合和一味取悦。这三个维度在目标上是同向的，在实践中要融合好，防止顾此失彼，影响展览效果。

我们的策展工作正是在注意把握这样一个大方向的基础上展开的。重视这个广域多层的评判主体构成，从需求满足理论出发，找准放大其共性联结，努力推出精细化、精准化、精致化的系列服务，实现对展览资源的深度开发利用。如，讲解作为展览的标配项目，要通过培训演练精耕细作，提升公益服务的量和质；活动作为展览的加分项，要突出国防话题和军味、战味，体现军博社教的新与特；传播作为展览的延伸项，要借助形式和内容、技术与平台的充分运用，扩大宣传的辐射面和影响力；反馈作为展览的必要项，要通过多渠道采集回收，获取观众画像和分析样本。

二、面向社会的全方位输出

以观众为中心的工作指向，要求我们必须直面观众，为其通达展览搭建各种联结，不断扩大展览群众覆盖面、强化影响力和传播力。我们感到，类似抗美援朝主题展等重大时政主题展览，因主办承办单位规格高、接待观众级别高，自然拉高了展览在社会的知名度和关注度，对外推广宣传的重点已不在于为展览壮声势拉人气，盛名之下，关键要做到“其实相符”。策展团队有责任把更多的精力放在“想观众之所想”上，进行服务探索，特别是下沉到细节小处着手用心，打造更加优质的参观体验。

（一）多种媒体的广泛推介

1.纸质简介过时了吗?——服务性与艺术性

展览简介是服务观众的基本配置，在新技术新应用不断涌现的当下，采用何种形式制作呈现，成为一个新的业务考量细节。

是否沿用纸质简介一度令我们纠结。随着信息手段和阅读方式的变化，纸媒的市场在逐渐萎缩，H5、电子卡片等逐渐流行。博物馆既要适应观众阅读习惯的变化，也要引领倡导新的观展风尚。不仅仅是从节约展览成本的角度考虑，最初我们设想停印纸质简介，启用电子简介，若观众有兴趣，可自行打印电子版。

随着开幕式时间的临近，配套服务准备逐项到位，纸质简介的不可或缺性也逐渐明晰起来。最大的原因还是尊重观众的参展习惯，特别是对经常来博物馆的观众而言，拿简介、看展览已成为参观标配，留藏各馆展览简介甚至成为他们的乐趣所在。如此审视纸质简介，就不能将其简单等同于展览消耗品，它是带着博物馆温度和心意的有形产品。它不是简单的电子扫码、转发就唾手可得的赠品，而是给那些饱含着热爱走进场馆的观众专门准备的馈赠与激励。

为了回馈观众实地打卡的热忱，纸质简介应该简约而不简单，做到服务性与艺术性的有机统一，而且可以借助信息技术手段，令纸质简介承载更多形式和内容，使其纸短情长、礼轻意重。

2.展览海报何处投放?——军博地铁站与地铁站里的军博

博物馆不应成为端坐城市一角的殿堂，它应该成长为公众乐于走进接触、乐于接受滋养的文化沃土。观众对于博物馆而言，不是统计学意义上的接待指标，它反映着文化影响力、辐射力。让军博离公众的生活空间近些、再近些，是我们努力的方向。

图 4-2　军博地铁站里的展览宣传海报

军博地处海淀区，位于长安街延长线，作为驻区地标性开放文化单位，享有以博物馆馆名为地标名称的声誉和便利，公交、地铁多条线路设有军事博物馆站。作为博物馆人，我们希望公众眼中的军博，不只是一个换乘的站点，而是匆匆旅途中那抹动人的文化风景。博物馆不能只等着迎接观众走进，更要动用多种宣传推广手段，呼唤更多的人爱上博物馆，养成逛博物馆的生活方式。地铁空间是城市人群的交汇集散区，特别是军博所处的 1 号线、9 号线，长时段、大客流、高频次运营，也是开辟宣传阵地的有利条件。经与地铁集团公司、地方广告合作第三方公司洽商，我们可以免费使用两线的换乘空间，在 250 平方米、近 100 米长的换乘通道张贴主题展览的大幅海报（图 4-2），与营区周边的灯箱广告呼应，它们与军博巍峨的建筑和高耸的军徽一起，吸引来往途经的行人走进军博。

3.配套伴手礼需要吗?——未付印的英模连环画

策展伊始，我们即提出设计文创产品的需求，制作一套富有艺术性的宣传卡片。创意是以九宫格等连环画、漫画形式，设计印刷深入表现相关英模功臣人物和集体、历史事件的宣传页，展览期间摆放于相应的展板展项前，鼓励观众结合参观阅读学习，通过内容拓展，辅助提升主题展览的宣教效果。我们选取了杨根思、杨连第、伍先华、杨春增、邱少云、孙占元、黄继光、胡修道、杨育才、李家发、许家朋、罗盛教等 12 位抗美援朝战争中涌现的代表性英模人物，专门组织军博美术创作团队中的年轻画家展开专题性创作，采用国画、油画、工笔画等画法，以情节性、故事性的 4 幅图画呈现。原初设想是将这套宣传卡加工为精良的展览伴手礼或面向青少年发放的教育产品。方寸之间再现重要人物历史瞬间，在创作上有一定难度，从卡片制作要求看，还要考虑形成套系包装、方便发放收纳、节约印刷成本等因素。在开展前半个月左右，创作稿已陆续提交，因为重大展览审查程序严格，画面及文字细节仍待推敲修改，未及在开展前交付，最终这套英模宣传卡没有在展览上露面。作为展览配套的艺术作品，无论尺幅大小，都要体现展览水准，匹配展览级别。艺术性是基础、前提，在讲求艺术性的同时，对其政治性、主题性要求更加严格，具体到画面选择是否得当、表现技法是否合适、配文措辞是否恰切等，细微之处不容有失。因此，为稳妥起见，展览配套的文创产品，尤其是在思想揭示、立意呈现、主题把握、创作要求等方面要求较高的产品，应该尽早明确标准，从策展之初就启动构划，及时跟进审查，确保开展前达标就位。

（二）防疫常态化下的观众组织

1.坚持观众本位的服务指向

观众不仅是我们的服务对象，也是博物馆的生命。应努力从接待热情、生活服务、教育服务和导引讲解等各个方面着手，使观众觉得温暖、舒适、方便，乘兴而来，满意而归，形成并固化对博物馆的友善、好感、信任。观众是多元分层的，需求是多样复杂的，要对基本需求加以统合，对分众需求加以细化。具体则从观众馆前、馆中、馆后行为着手。馆前预约阶段主要保证信息触达及时、准确，我们通过军博官网、微信公众号、微博等网络平台推送主题展览、社教活动、高峰预告等相关信息，利用地铁站换乘通道墙贴、周边宣传灯箱等发布展览信息和预约方式。展览期间，观众拨通军博电话语音服务时，将听到自动播放的主题展览相关资讯内容。南附房东、西两侧室内 LED 大屏幕循环播放展览信息。遇特殊接待任务需临时闭馆时，我们及时对外发布公告，并关闭预约通道。关于接待规模，综合考虑展览的关注度、展厅的容量、展期不同阶段及讲解接待服务质量，设定日观众预约数量的上限，区分上、下午时段，并预留一定的机动接待数量。此外，还想定以下几种开放条件：①全面开放状态下，每日预约上限为 15000 人，其中团体观众数量 5000 人（上、下午各 2500 人）、自主观众 10000 人（上、下午各 5000 人）。预留团体观众 2000 人的临时机动量。②疫情防控常态化条件下，每日预约上限为 10000 人，其中团体观众数量 3000 人（上、下午各 1500 人）、自主观众 7000 人（上、下午各 3500 人）。预留团体观众 1000 人的机动量。③疫情防控等级二级时，每日预约上限为 3000 人。其中团体观众 1000 人（上、下午各 500 人）、自主观众 2000 人（上、下午各 1000 人）。不预留机动数量。④疫情防控等级一级时，闭馆。

借助信息化手段，通过网上展厅、讲解音视频等形式，提供云参观服务。

在进馆服务方面，考虑尽可能缩短等待时间，东、西两侧入口预留个人观众绿色通道，供老年人、残障人士、军人快速通行。老年人、残障人士、军人等个人观众预约后，持本人相应有效证件经绿色通道验证后过安检入馆。在馆内参观服务方面考虑有序参观，安全保卫室人员设专岗，负责观众组织、展厅安全和秩序维护，在观众密集时，及时疏导，合理把控团体观众和普通观众入场频率，保证参观质量和人员、文物等安全。同时做好应急预案，如遇有未预约的中小学生、残障人士等特殊团体时，根据馆内观众流量，商安全保卫室同意，由窗口票务人员登记团体参观信息后，过安检入馆参观。在展厅观众饱和、人流缓慢且无明显下降趋势的情况下，暂停观众进入，采取只出不进措施，待人流密度降低后视情放行。

2.妥善应对疫情这个最大变量

2020 年初，新冠疫情暴发，对博物馆的公共服务系统是一次应急考验。如何在确保防控安全的前提下，最大限度地为观众提供文化服务，是摆在我们一线服务接待部门面前的新课题。观众的参观安全是底线要求，我们追求改进参观体验、升级配套服务，但不能忘记，观众的安全感是首要的、基础性的需求。随着我国公共卫生体系的健全完善，博物馆系统的防控流程和防疫投入也要逐渐走向规范化、常规化。展览开幕前，我们积极与军地单位协调对接，推动首次在大展中实行全面预约、分时限流、观众身份核验等服务措施，对安全有序参观起到了重要作用。采取防控分级响应制，依据国家和军队及北京地区的防控政策规定，及时调整接待安排，将确保参观安全置于首位，将坚持并创新文化服务作为着力点。转入常态化防控以后，为做好重大主题展期间的观众组织接待，我们根据防控要求，结合既往大展接待经验，想定了展览开放的几种情形，拟制了较为详细的服务接待方案，同时加强与协作单位的实时沟通，在实际运行中不断发现问题、解决问题。更加注重源头把关、部门联动、服务精准和流程闭合，可见于预约审核、开馆准备、进馆安检、车辆停放、接送陪同、讲解服务、配套文创、统计报表等环节。根据疫情变化，及时启动相关预案：区分服务类别，取消人员密集性活动，保留基本服务；区分观众类别，个人观众严格两码查验和测温，集体参观依照“谁派出、谁负责”原则，由所在单位出具参观人员健康证明。遇要宾和集体参观，形成宣教部门出单列表、安保组织入馆、综合部门协调领导陪同、信息部门拍摄留存素材的运作机制。我们组成展览接待组，开通票务专用服务电话及传真，安排专人接线答疑。集体参观单位到达后，要宾车辆在展览大楼北门台阶处停车，由馆领导等迎接入馆或全程陪同；其他车辆由安保指挥停放，人员下车整队后，经东侧专用通道测温过安检入馆；参观完毕由讲解员带回北门登车离馆。为保障特殊观众参观权益，坚持面向军人、文职人员、消防人员、老年人、残障人士等群体开设绿色通道。鉴于票务系统缺乏相关功能，客流情况由票务班组人工记录分析。根据疫情防控要求，服务过程中严格核对观众证件，符合绿色通行条件的须登记姓名、身份证号码和联系电话，便于有异常情况及时追踪，完成登记后再发放通行凭证，并指引经安检入馆。尽管耗时耗力，观众却由此感受到服务之暖，体现了军博是有温度的博物馆。

3.突出要宾、集体单位和青少年等参观群体的服务保障

重大展览接待的首长多、机关单位多，逢节假日、休息日学生多、亲子家庭多、文旅团队多。增强服务针对性，按照“突出重点、优待特殊、惠及一般”的思路，组织接待好专场及集体参观。为周密做好主题展览专场及集体参观的服务保障，贯彻常态化疫情防控要求，结合军博工作实际，采取提前预约、错峰组织。要求各组织单位须提前 1 ~ 10 天预约，并按要求填报《参观联系单》《参观人员信息表》，及时提交军博接待服务部门。停车安排及迎接陪同、讲解服务等环节，一直是集体参观组织单位关心关注的重点。因军博营院内停车位有限，征求安

保部门意见后，决定重点保障要宾的小型车辆的停放，视情安排大、中型车辆于院内停放。为确保参观活动严肃、有序、安全，禁止携带违禁物品及大型箱包入馆，规定地方人员着正装，部队人员一律着常服戴帽子。

4.打造过硬可靠的服务队伍

一线服务无小事。观众对博物馆观感体验的形成及固化，进馆实地看展仅仅是一方面，预约是否便利、入馆是否顺畅、设施是否便利、配套是否完善、人员是否称职、服务是否暖心等，直接影响满意度评价。接待服务工作是军博的脸面，为观众提供更好的服务，需要大量高素质的人员队伍予以支撑。服务品质明于标准、见诸细节。鉴于场馆服务主要由第三方提供，为此，要加强对所属物业公司的督导检查。在主题展接待准备攻坚期，正逢该公司临近合同期满，考虑到招标结果的不确定性，我们请管保部门提前与该公司沟通，确保派出人员足额足数量、达到培训上岗服务标准，特别是针对主题展接待规格高、政治要求严、疫情防控力度大等情况，加强了政治审查和健康检查，实现了组织严谨、流程便捷、服务周到、全程可控的预期目标。区分岗位类别，加强经常性教育和管理，做好思想摸底和业务训练，强化其对服务岗位的热爱之情和敬畏之心，树牢标准意识、责任意识和形象意识。针对物业公司人员，从日常性工作做起，把好人员入口关，严格培训、考核、督导、检查，打牢基础，规范流程，完善细节，提高标准。同期开展观众问卷调查、随机采访、留言整理等，及时摸清观众需求，掌握第一手资料，有针对性地提高服务质量、明确整改方向。

（三）引发共鸣共情的社教活动

1.依托场馆讲解扩大公益宣传

主题展是中央明确的纪念中国人民志愿军出国作战70周年的一项重大政治活动，也是新军博调整改革后在主馆承办的第一个重大展览。其厚重的历史内容、壮阔的英雄史诗、丰富的精神营养，需要讲解员向观众进一步诠释弘扬。讲解是展览的一个重要工作组成，特别是在展览开幕后，如何有效实施讲解对发挥展览的宣教功能起到重要作用。对于重大主题展览而言，因其规格高、分量重、影响大、社会关注度高，讲解工作更加不容忽视。为此我们专门成立抗美援朝主题展览讲解接待组，由宣传教育室牵头，成员由专家讲解员、军博及军队相关单位推荐的解说员组成。

高标准抓好讲解培训。重大主题展览作为专项保障任务，一般采取专门组队的方式承担讲解任务。讲解员是宣讲展览的一线工作人员，其作风形象直接关乎展览承办水准。重大主题展览的接待任务较为集中，而且政要、外宾、重要团体等高规格接待多，对讲解员的政治素养、知识储备、外在形象、临场应变、接待礼仪等综合素养要求较高。特别要将政治性的要求摆在首位，严格程序标准——选拔政治素养好、业务水平精、纪律意识强、作风形象正的讲解员加入展览接待队伍。既往大展组建解说队，都是军博从全军及馆内遴选抽调骨干。此次出于锻炼队伍、平等参与考虑，宣传教育室讲解员全部参与主题展。另外，依托陆军、火箭军、联勤保障部队、武警部队选派的军史场馆解说业务培训队员充实讲解队伍。其中有过大展或大赛经历的同志不到五分之一，部队选派的同志大多是零基础，要在有限的2个月时间内让他们胜任重大主题展讲解，任务既紧迫又艰巨。根据展览工作安排，2020年9月中旬前为基础授课及背记培训阶段，解说人员应熟练掌握基本解说词，进行相应的内容拓展，规范讲解标准，统一讲解风格；9 月底进入验收审查阶段，通过针对性强化训练和实地推演，全员达到上岗要求，重点是根据馆及各级领导机关要求，选定专场讲解人员，高标准做好专场或重要场次讲解准备。我们从抓思想教育和业务培训入手，既坚定他们完成重大政治任务的决心信心，又科学施训提升业务技能。宣传教育室的讲解专家主动站上前，手把手地传授讲解技巧，一对一教学示范，从一招一式细细打磨，宽严相济，不厌其烦。我们还特别邀请中国传媒大学、中央广播电视总台、解放军文化艺术中心等单位的知名专家来馆授课，积极协调外出见学。年轻同志坚守岗位，克服各种困难，同时兼顾军服展讲解、录制媒体节目等临时任务。广大讲解员也纷纷把讲好展览作为向志愿军致敬看齐的实际行动。这支平均年龄 23 岁的年轻队伍，自觉加班加点、突击攻坚。在充斥着噪声和粉尘的展厅里，他们对着展板练词走位，经历一次次展厅现场的反复推演，一遍遍改词调整后的重新背记，一波波审查后根据意见建议的快速整改。大部分同志都按时完成了规定任务，不少同志更是超越了预想的各种“不可能”，实现了突破，在军博这个国家级平台完成了自己的讲解首秀。开幕式及党和国家领导人专场当天，26 名同志被选派参加了解说接待任务。他们以过硬的素质、出色的表现圆满完成任务，赢得了机关首长的表扬。担任党和国家领导人专场讲解员的三位同志，开训以来就自我加压，提前完成背词，在展厅经常练到最后才撤离，几次审查都发挥稳定。多次为党和国家领导人讲解的几位讲解骨干，不骄不躁，保持刻苦背诵，每次抽查都排在前，常常是临危受命，勇挑重担。部队选调的同志，有的是中途才被调整到解说队，为了备战主题展，他们积极主动，抓紧赶超，提升迅速，光荣地参加了开幕式讲解。还有三名战士入伍仅 1 年，他们从零起步，面对困难从不放弃，出了展厅又在宿舍区挑灯练习，最终如愿走上了讲解一线。令我们感动难忘的，除了奋战备讲的冲锋姿态，还有在重要场次选谁上、派谁上等荣誉和机会面前，大家自觉接受组织挑选、服从安排的大局意识和集体观念。

图 4-3　为社会观众讲解展览

确保讲解工作的高品质。重大主题展览的高品质不仅体现在展览展示的重磅硬核，也体现在相关服务的深入细致。讲解接待作为其中的重要一环，必须充分考虑观众的参观体验，更好地发挥宣教功能。从排班、候场、迎接，到引导、施讲、欢送等，每一个环节都应有所设计，安排得当，体现标准，展示作风，充分体现重大主题展览活动的仪式感、庄重性。配套保障必须注重品质、万无一失。讲解员的风貌是展览形象的一部分，重大主题展览一般都会为讲解员统一配发服装、配备专用讲解器材，对妆容发式、着装配饰等作相应规定。穿行在展厅的讲解员，不仅用声音引领观众品读展览，他们本身也是一道流动的风景，与展览融为一体，牵动着观众的目光（图 4-3）。鉴于展览主题重大、内涵深刻，对讲解的标准高、要求严，培训及审查不仅是准备阶段的关键环节，在展览开放后也放松不得，而且应系统规划、科学组织，善始善终。展览准备阶段，培训应侧重展览相关知识的学习理解、讲解文本的研究解读、业务技能的普及提升等，审查主要考察解说词背记掌握情况、实地解说水平、临场情况处置等。展览开放后，培训应侧重内容拓展、解说经验交流等，审查主要是为督促其保持干劲，防止讲解熟练后意识放松、状态下滑。

发挥展厅宣讲的主渠道作用。根据相关计划安排，展览开幕后即全员全力做好解说接待。一是坚持方案指导在前。日常开放的讲解，综合考虑展厅面积、观众流线、参观速度等因素，按每批讲解时长 45 分钟、每批次间隔 10 ～ 15 分钟计，每日安排相应数量的定时讲解及机动讲解：①全面开放期间，讲解间隔 10 分钟，每批讲解接待量 60 人左右，同时安排机动讲解 30 批次。②疫情防控常态化期间，讲解间隔 15 分钟，每批讲解接待量 40 人左右，同时安排机动讲解 30 批次。③疫情防控等级二级及以上，不安排人工讲解。④考虑讲解接待能力，推荐观众使用主题展览配套的语音导览小程序等自助式讲解服务。二是为保证讲解工作质量，采取讲解限量措施。为保障宣传讲解质量，综合考虑展厅空间、观众流量、解说时长及解说员数量等实际，设定人工讲解每天接待上限，上、下午各半：①全面开放期间，每日保障讲解 5000 人次。②疫情防控常态化期间，每日保障讲解 3000 人次。③党和国家机关、军队及社会团体的讲解，根据参观人数及预约时段，提前做好讲解准备。④如无法满足团体观众的讲解预约需求，及时予以合理的解释说明。三是明确场次保障重点。开幕式、党和国家及军队领导人专场及外宾专场等重点场次，要确保万无一失。开幕式和重要专场的组织接待，在机关指导下由综合办公室统一组织协调，宣传教育室和安全保卫室等根据分工落实任务，工作人员根据上级要求确定。担任开幕式和重要专场讲解任务的讲解员，经考核择优确定。每场次安排军事科学院专家备询。针对军地领导的公务讲解，开放日根据具体情况由馆领导、宣传教育室领导陪同，由解说员或相关专家陪同讲解。中央委员、国务委员和军委委员来馆参观，由综合办公室报请上级机关安排陪同领导；省部级及军级以上领导，一般由馆领导陪同。对军地重要团体，根据参观团体所属单位职能任务，视情组织相关领导陪同，安排讲解员进行针对性讲解。展览开幕后，通过定时讲解与机动备份相结合，最多时日讲解 99 批次，至 2020 年 12 月 31 日共讲解 3723 批次，日均讲解 53 批次，实现了较高的观众覆盖率。所有讲解员都辛勤付出、倾情助力，把自己真正融入军博的事业，融入主题展工作的每个岗位和角落，用实实在在的行动宣示了军博有我、强军事业有我。

2.开发教育活动加强延伸拓展

军博承办展览，自带国防教育效应，易引发关于军事话题的社会性思考。恰逢其时精准提供教育服务，有助于唤起家国记忆，形成群体共情，厚植爱国情怀。当年战争动员之广泛，当下纪念活动之隆重，使得抗美援朝历史教育具有厚实的社会基础。

策划教育活动，聚焦高扬爱国主义、革命英雄主义旗帜的伟大抗美援朝精神，发挥军博抗美援朝主题展主阵地和各场馆“红色基因”革命传统教育课堂作用，突出部队官兵、学生群体、知识阶层三个重点社教活动对象，以主题展览为依托，深入整合馆内文物藏品资源和相关研究成果，充分挖掘馆内场地潜力，积极拓展数字网络空间，突破传统社教“一城一域”的空间束缚，改进巡展送展工作模式，坚持立足本馆与走向社会相结合、上门送展与网上办展相结合、展览现场讲解与深度解读相结合，形成多维立体、形式多样、能够较好满足不同观众群体参观需求的社教活动矩阵。努力推动爱国主义精神和革命英雄主义精神在青少年心中扎根，让大中专学生有触动，让各阶层群众有思考，让中老年群体有共鸣。为在全社会大力宣传中国共产党领导抗美援朝战争的光辉历程和宝贵经验，宣传抗美援朝战争的正义性质和伟大胜利，宣传中国人民志愿军的英雄事迹和革命精神，大力弘扬伟大的抗美援朝精神和民族精神，激励全党全军全国各族人民更加紧密地团结在以习近平同志为核心的党中央周围，不忘初心、牢记使命，永远奋斗，为决胜全面建成小康社会、夺取新时代中国特色社会主义伟大胜利，实现中华民族伟大复兴的中国梦、强军梦等方面发出军博声音、做出应有贡献。

系列社教活动突出效果导向，追求质量效益，重视结合融合，不搞覆盖面小、刻板生硬的一次性动作。充分挖掘馆内现有资源，外请部分知名专家，以定位精准的讲座授课、重点突出的专题讲解、小型轻便的巡展送展、丰富多样的音视频采编发布、主题突出的集体观影、简便易行的现场活动等方式，扩大社教活动受众面，深化宣传教育效果。主要设置了以下几个活动模块：

（1）“回望历史”系列学术讲座活动

紧紧围绕抗美援朝战争胜利的伟大历史意义，以中国共产党领导抗美援朝战争的光辉历程和宝贵经验、中国人民志愿军的英雄事迹和革命精神为重点，从不同角度、不同层面深入解读伟大的抗美援朝精神的时代价值，深入剖析中国人民志愿军指战员不畏强敌、浴血奋战、敢于胜利的忠诚品格和大无畏精神，着重选取具有很强现实意义的重大事件、战役战斗、英模功臣人物和集体单位，深入挖掘时代价值，突出强军育人。在组织现场讲座的同时，积极协调联系新华网、《中国文物报》、腾讯等单位，以视频、文字的形式联合推出相关讲座的网络和书面版本或新闻报道，力争在宣传造势上形成线上线下相融合、军博主阵地与新媒体平台相融合的态势。伴随主题展览全过程，每月举办 1 ～ 2 场讲座（图 4–4），活动对象以军委机关、驻京部队来馆参观人员为主，兼顾吸引党史军史爱好者与学生参加。参与方式上，驻京部队官兵以团体形式自愿参加，同时面向年满 16 周岁、具备一定的党史军史基础的社会人员开放网上预约。专家选取上，军内重点依托军事科学院军队政治工作研究院军事历史研究部、国防大学国家安全学院军事思想与军事历史教研室专家和陆海空军相关专家，地方重点依托中共党史研究室、北大历史系等单位专家。此外，还有英雄部队指战员，抗美援朝老同志或亲属以及本馆编研、藏品、文保方面专家。

图 4-4　举办主题学术讲座

（2）“展览轻骑兵”巡展送展活动

充分利用主题展览成果，发挥军博讲解员专业解说优势，深度挖掘抗美援朝战争“经典战役战例”“英模功臣人物和集体”事迹，设计制作橱窗贴图、简易挂图等方便携行的展板，区分展览讲述重点，到部队、学校现场宣讲红色故事，传承红色基因，扩大宣教效果。同时，以上述内容为基础，为全军部队制作发放抗美援朝战争“经典战役战例”“英模功臣人物与集体”事迹电子展览版式内容及讲解音视频资料，由各部队按照纪念抗美援朝出国作战 70 周年安排，自主开展宣教活动，真正做到纪念活动全覆盖，让抗美援朝精神和“英模功臣人物与集体”的事迹在服务时代强军进程中进一步发扬光大。组建 1 ~ 2 支“展览轻骑兵”巡展小分队，每支队伍成员一般不超过 3 人（负责人 1 名、讲解员 2 名），采取“到了就展、展了就走”的轻便模式，结合部队训练教育

图 4-5　在东部战区巡展现场

计划实施宣教讲解，不干扰部队正常训练安排，出行食宿一般自主解决，不给部队添乱。

送展对象选择军内 1 ~ 2 个英雄部队，如朱日和合同战术训练基地等；地方与北京市教委商定 3 ~ 4 个中小学校，赴各部队巡展时视情选择 1 个部队驻地中小学校。

送展工作在抗美援朝主题展开幕前视情展开。应部队需求，社教团队依托主题展览制作便携式展项，派驻 3 名解说员，与东部战区机关协调布展接待等具体事宜，巡展 1 周以来，接待了 67 批近 3000 名官兵，以面对面的热忱文化服务，为备战打仗提供历史营养和精神支持（图 4-5）。馆外的宣传拓展也取得了新突破。

（3）“革命英雄主义教育情景课”等展览课堂活动

按照统一规划，将主题展览展厅打造成革命英雄主义教育情景课堂。选取若干具有代表性的历史场景和英雄人物，坚持宏大叙事与深挖历史细节、讲好红色故事有机结合，在主题展览设计建设时充分考虑课堂的空间和内容需求，结合授课需要合理布局重点事件、重点人物、重点文物的空间分布，以达到深度嵌入融合，保证课堂教学的形式效果。研究编制专题展陈授课脚本，深度挖掘重要时间节点、重大历史事件、重点文物藏品背后的故事，发挥专家讲解队伍作用，在情景教学和“10・19”“10・25”等志愿军入朝作战、第一次战役、长津湖战役等重要时间点，著名战役战斗打响、上墙英模功臣人物和集体的相关纪念日，对相关事件和英模功臣人物与集体进行细致深入的重点讲解；按照部队团体观众的职能任务方向，从战略战术、后勤保障、装备建设、军兵种发展等不同角度作伴随式的重点讲解授课，着重讲述人民军队在朝鲜战争时期建设发展、成长壮大的历史经验，引导部队团体观众从抗美援朝战争历史中寻求制胜之道、建军之策，为掌握现代战争制胜机理、提高新时代备战打仗能力查找历史借鉴，充分发挥主题展览课堂教学作用。

（4）北京市教委“四个一”社会实践教学课堂活动

整体构想：将抗美援朝主题展作为北京市教委“四个一”活动的教学课堂，针对中小学生知识结构和兴趣特点，规划符合中小学生学习需求的参观路线，撰写专门的解说词，设计重点突出的学习任务单，着重讲述英模功臣人物和集体、战役战斗、武器装备、实力对比等元素，通过深入讲解和学习任务引导，带领参加活动的学生通过“兴趣—启发—思考—理解—接受”的学习认知路径，把抗美援朝战争中的系列重要历史事件和志愿军指战员的英雄形象刻画于参与学生心中，帮助他们建立记忆，逐步培养起兴趣和感情。

内容设计：作为“四个一”社会实践教学课堂授课内容，拟制抗美援朝主题展教学参观路线和学习任务单。按照展览内容，设计包含 10 个方面问题的学习任务单，让参加“四个一”活动的学生带着问题参观，结合听讲主动查找答案，加深对相关事件的认知理解（图 4-6、图 4-7）。

图 4-6 依托展览开展北京市教委"四个一"社会实践教学课堂活动（上）
图 4-7 学校组织学生通过参观展览开展社会实践教学（下）

任务分工：宣传教育室负责对接北京市教委，沟通编辑研究室给予审核把关。

（5）“红色记忆”系列网络数字化宣教活动

整体构想：充分发挥馆藏抗美援朝战争文物实物的鉴今育人作用，积极适应信息时代观众知识获取途径的变化趋势，大力拓展网络宣传舆论教育阵地，为广大人民群众特别是年轻群体“碎片化”“视频化”阅读提供有效路径。围绕主题展览展出的重点文物、经典战役战斗、英模功臣人物和集体群体制作相关音视频，以合适的点切入，对相关历史事件和人物背景进行深入剖析解读。制作相关数字宣教产品，在登录本馆媒体矩阵集中展播的基础上，着力推进与各大门户网站及重点音视频平台的合作，共同策划推出纪念专栏、音视频合集，利用其巨大流量，扩大主题展览的受众面，提高展览的影响力和军博在相关问题上的权威性与话语权。

内容设计：紧密贴合主题展览，突出讲述文物藏品、经典战役战斗、英模功臣人物和集体及其背后的故事，让文物发声，用史实说话，以点带面，逐步推进：①重点文物和经典战役战斗介绍。采取数字化讲述的方式，将主题展览中展出的重点文物和经典战役战斗通过“一图（或数图）一文一音频”的模式立体呈现，每件文物、人物或事件的音频时间控制在4～6分钟，让观众通过“看图、听讲、读文”，加深对相关历史的认识理解。介绍也会在“微军博”（现为“军博红色少年”）微信公众号、订阅号推送，每周上线2～4篇，或在展览时用作重点文物的扫码讲解语音内容，或与腾讯等媒体合作，授权相关平台推送。②“英雄赞歌”音频版。以藏品征集保管室组织编写的《英雄赞歌》一书为蓝本，组织讲解员分章节原原本本诵读，制作成数字音频集或有声书，与纸质图书同步发行。③“红色基因”与《英雄赞歌》音频合集推广活动。重点文物和经典战役战斗讲解音频录制完成后，结集形成抗美援朝战争“红色基因”音频集，与《英雄赞歌》有声书一起，细化区分为“文物故事”“经典战例”“英模功臣人物与集体”不同题材，协调机关主管部门向全军部队推广发放，鼓励部队将音频内容作为年度主题教育内容，在操课间隙、政治教育等时机循环播放，潜移默化培塑新时代军人迎战强敌的血性胆气，切实筑牢战胜强敌的战斗意志。同时，加强与喜马拉雅等专业音频传播平台合作，通过有声书的形式免费向社会公众开放，引导社会公众主动学习伟大的抗美援朝精神，用中国人民志愿军指战员的胆气血性和辉煌战绩激发全国人民不畏强敌的信心勇气。讲解员紧跟图书编纂进度，提前介入，深入打磨，确保音频录制感情到位、表达准确。

（6）“回顾经典”抗美援朝主题老电影展映活动

整体构想：抗美援朝战争是新中国成立后的一个重大历史事件，随之产生了一系列的经典电影和纪录片，是几代中国人生命中不可磨灭的印记。结合主题展览推出经典电影和纪录片展映活动，能够让观众结合参观展览，重新回顾历史，通过一幕幕经典的电影画面和一个个鲜活的英雄人物形象，进一步加深对抗美援朝战争正义性、必要性和中华儿女不畏强敌、敢打必胜精神的认同和理解。

内容设计：结合主题展览开放进程，联系解放军文化艺术中心影视部获取相关片源，集中展映《上甘岭》《英雄儿女》《奇袭》《铁道卫士》《烽火列车》《英雄坦克手》《奇袭白虎团》《长空雄鹰》《打击侵略者》《激战无名川》等经典电影，《抗美援朝战争》《奇袭武陵桥》《坚守文登川》等军事教育片，《较量——抗美援朝战争实录》《黄妈妈来到了连队》《钢铁运输线》《志愿军烈士陵园》等纪录片。根据播放影片内容，挖掘馆藏相关文物实物，制作成片花在电影放映前播放，或由讲解员在电影播放前进行现场讲解，也可视情录制播放相关参战老战士或其家属的视频影像资料，或者邀请相关电影主创人员到场讲述，提高影片与现实的关联度，增强教育效果。最终，我们协调八一电影制片厂 11 部抗美援朝影片数字资源用于主题电影展映，也为主题展览相关视频制作提供了支持（图 4–8）。我们还尝试结合馆藏文物撰写观影推介词、制作配合幻灯片和开场先导片，为展映活动增色添彩。

参与方式：驻京部队官兵以团体形式自愿参加；社会人员网上预约。少年儿童

图 4-8 主题电影展映活动

须有家长陪同。

（7）“萌芽计划”系列青少年社会教育活动

整体构想：针对新时代青少年距离抗美援朝战争时间较为久远、使用教材和课外读物相关内容涉及较少、对相关历史事件和英模功臣人物和集体较为陌生的实际，主题展览期间，结合本馆相关文物藏品和“英模功臣人物和集体”小型展览，组织内容丰富、形式多样的现场社教活动，让广大青少年走近英模功臣人物和集体，走近抗美援朝战争，让英模功臣人物和集体群体的光辉事迹与伟大的抗美援朝精神在青少年心中生根发芽。

内容设计：①“我给抗美援朝英雄画幅画”活动。活动对象为小学低年级少年儿童。针对这一年龄段儿童词汇量较少的实际，利用馆藏的王海功勋战机、215 号英雄坦克等文物藏品，由讲解员详细讲述文物及其背后的故事，帮助他们结合现场文物树立起自己心目中的英雄战士形象，鼓励他们拿起画笔，把想象中的战斗场景或英雄形象画出来。通过参观讲解和绘画活动，使参加活动的少年儿童形成并加深对抗美援朝战争与英模功臣人物和集体的认识和印象。②“我给‘最可爱的人’写封信”活动。活动对象为小学高年级学生及中学生。结合参观主题展览和“英模功臣人物和集体”小型展览，重点讲解“最可爱的人”与英模功臣人物和集体，鼓励他们拿起笔，结合自身感受和新时代的生活，给参观过程中自己印象最深刻的一位英模功臣人物写封信，内容可长可短。通过写信的方式，把爱国主义、英雄主义精神厚植于青少年心中。③“我为祖国唱支歌”活动。活动对象主要为青少年学生，可视情放宽年龄限制。通过公告等方式，鼓励观众在武器大厅相关文物展品前拍摄演唱抗美援朝战争经典歌曲片段和感言的视频上传至军博网络平台。通过这一活动点燃并释放广大民众特别是青少年群体对抗美援朝精神的认同和对伟大祖国的热爱。参与人员的画作、习作经审核后，张贴于现场摆放的展墙上供观众参观，鼓励陪同家长拍照片发微信朋友圈或拍视频发抖音、快手等短视频平台，进一步提升主题展览的宣传教育效果。

（8）“致敬最可爱的人”系列线上直播

充分利用“互联网 +”，以“博物馆 + 直播”的跨界联手方式，让更多的观众线上感知历史、远程实时观展。抗美援朝主题展开放延期后，适逢军博新媒体平台建设跃升明显，除在以往的大众媒体、网上展厅传播之外，依靠军博自媒体平台的短视频、直播发力，也收获了众多粉丝的关注。2022 年以来，我们自主策划了两场大型直播，考虑展览面向公众开放已有较长一段时间，直播播什么、怎么播成为我们策划的重点。我们选择了跨界联动，联合《长津湖》《狙击手》《跨过鸭绿江》等影视剧组，在军博举办开机仪式、试映会、座谈会、联合直播等活动。艺术的再现源自真实的历史、平凡的英雄，当演职人员在展厅目睹所饰演原型的历史印迹时，穿越时空的相遇令他们震撼不已。很多观众看了这些热门影视作品后，专程来到军博看展览，寻找战争真实物证，瞻仰英雄人物遗存。直播为不能亲临现场的观众提供了走进博物馆的可能，也弥补了观众线下观展来去匆匆留下的遗憾。

（9）举办配套仪式活动

增强博物馆活动的仪式感、参与感、互动性。“抗美援朝”话题本身历史感、现实性较强，与社会各界和人民群众的家国记忆关联度较高，如果以恰当的仪式活动作载体，可以有效地唤起观众的情感认同和心灵共鸣。仪式作为一种形式，其呈现手段、参与对象、承载内容多样。从契合军博定位、贴合展览主旨、符合受众预期、适合组织实施等方面考虑，我们要发起展开的仪式活动应该富有博物馆特点和军博特色。除常规的开幕仪式外，我们又重点组织实施了志愿军英雄欢迎仪式、闭展仪式。

英雄欢迎仪式是博物馆人崇尚英雄、关爱英雄、学习英雄的具体举措，通过给予英雄人物恰当隆重的礼遇，请其讲述英雄事迹、书写留言等形式，激励感染现场观众，使到馆参观成为带有教育引领意义的仪式活动。我们的仪式安排也在不断完善。2020 年 7 月底，我们接待了志愿军老兵、一级残疾军人周全弟。专程来北京录制央视节目的他，向陪同的四川省退役军人事务厅的工作人员提出要到军博看看。遗憾的是当时展览仍在筹备中，不具备参观条件。当时我们的讲解员正在撰写抗美援朝重点文物故事，听说经历战火硝烟的老战士到馆参观，她们希望能有机会与其当面交流，以近距离了解历史、感受战争。这坚定了我们让到馆的重要观众发挥更大教育示范作用的决心，之后便对其到馆活动进行系统安排。从此开始至张积慧老英雄来馆参观，已形成了较为健全的活动流程安排：欢迎仪式一般采取请馆领导带队、讲解员集体列队，穿插进行向英雄献花环节；参观过程中讲解员采取陪同式讲解，结合老英雄战斗经历在重点展区前驻足，邀请老英雄讲述当年故事；参观结束后进入贵宾室请英雄题写留言或安排专门访问。

闭馆仪式的设计，使展览作为一项重大任务形成业务闭环，以体现国家级主题展览的庄重感、规范化。仪式策划重在总结回顾和承前启后，在展览闭幕前再度发声呼吁强化，向公众传递“展期有时尽、历史不容忘”的宣传效果。

图 4-9 展览闭展仪式

相比开幕仪式的高规格，闭馆仪式我们认为更重在接地气。展览团队邀请有代表性的各界嘉宾，通过他们对展览的评价反馈、对后续宣传展示的期盼期待等，体现展览开放以来公众的参与度、体验性和获得感。2022 年 2 月 16 日，"铭记伟大胜利 捍卫和平正义——纪念中国人民志愿军抗美援朝出国作战 70 周年主题展览"落下帷幕（图 4-9）。自 2020 年 10 月 19 日至 2022 年 2 月 16 日，中国人民革命军事博物馆在 419 个开放日里，迎来 240 万参展观众。闭展当日，和着深情的歌声，伴着大屏闪过的展览画面，志愿军老兵与后代、捐赠人代表、展览制作团队，在展厅共同见证了这一难忘时刻。

图 4-10　军博文创线下店实景

（10）提取经典文物元素和开发文创产品

2020 年 2 月起，我们重新启动文化创意产品开发研究论证工作，充分借鉴行业成熟经验，结合自身实际，创造性地提出“军博文创生态模式”，即“博物馆 + 文创运营单位 + 多家文创开发单位”运营管理模式。在军博指导下，文创运营单位立足馆藏资源，遴选合适的文创开发单位，配合基本陈列、主题展览和临时展览、重大节日和社教活动等，组织设计开发文创产品，搭建线上运营销售平台和线下文创商店，组织宣传推广，参与协助军博知识产权体系建设，等等。军博文创坚持以传播红色文化、军事文化为宗旨，聚焦“革命”“军事”特色，以基本陈列、主题展览和临时展览、重大节日和社教活动等内容为主题，以馆藏资源开发的元素授权为核心，实行全流程知识产权（IP）保护。

在面向社会公开征集遴选文创运营单位前，我们选择了一家专业的知识产权法律顾问单位来提供知识产权相关的法律咨询服务，开展知识产权注册保护、监测和侵权预警以及体系规划和建设等。对形成军博品牌形象并作为军博知识产权核心资产的馆标、馆名进行相应商标的注册保护，同时把通过馆藏文物资源开发形成的文创元素（图形、符号、文字等）作为军博文创资源的重要资产，明确在文创开发中采用“一事一授”的灵活方式进行授权（图 4–10）。

图 4-11 “抗美援朝　保家卫国”主题子弹钢笔

同年，适逢抗美援朝主题展在军博举办。为了配合展览搞好宣传推介，我们从展出的 1900 余件文物展品中选择最具代表性的，如祖国人民赠予志愿军的茶缸和慰问袋、英雄的 215 号坦克、功勋喷气式歼击机、M1939 式 37 毫米高射炮、“喀秋莎”火箭炮等，在挖掘其历史背景、英模故事和精神内涵等的基础上，提炼形成设计开发文创产品的授权元素，包含文物展品的基本介绍、实物图片、馆藏编号、具体参数、历史故事、讲解视频二维码等丰富信息，同时有针对性地提出开发方向、规避法律风险提示等。根据遴选出的授权元素，我们组织开发出富有抗美援朝精神文化属性且极具实用功能的主题文创产品 46 种，在开展半年时间内销售量即突破 2.5 万件，销售额达 130 余万元。“抗美援朝　保家卫国”主题子弹钢笔（图 4-11）还入选了“十三五”期间全国文化文物单位（博物馆）文化创意产品开发优秀成果。

我们精心设计，将一个个可歌可泣的历史故事浓缩在一件件产品中，将文物所承载的中国人民志愿军不畏艰难、英勇顽强、舍生忘死的精神传递给更多人，以期大家铭记抗美援朝战争的伟大胜利，珍惜和平的来之不易。其中，以功勋装备“英雄的 215 号坦克”“功勋喷气式歼击机”为元素设计开发的系列产品（如纪念徽章、胸针、鼠标垫、文化衫、冰箱贴、模型等）广受观众欢迎和好评，截至 2022 年 2 月展览闭展，销售量近 5.5 万件，销售额约 216.5 万元。

三、观众与公众的情感表达

观众是博物馆服务的核心，而留言是保持与观众互动、了解观众诉求、收集观众反馈的方式之一。为了及时了解、收集观众反馈，我们专门设计印制了主题展览的纸质留言簿，并在展厅出口处布设留言台，静候观众在此停留，尽情书写参观后的感怀。展览会有落幕之时，但那些滚烫的文字、真挚的情感却穿越时空、隽永持久。品读留言就是捡拾观众散落的心声。那些字里行间，涌动着对党、国家和人民军队的无限深情，对传承和弘扬抗美援朝精神的坚定认同，对接力奋斗伟大时代的壮怀畅想。我们还将精彩留言在展厅现场滚动播放，二次传播后引发更多的共鸣和感动。

（一）观众观展的心声笔记

1.思念悠长，形影犹在

“很多年过去了，人们没有忘记，自血脉基因里将英雄的精神传递下去，多少壮烈的背后是柔肠百结的思念和泪水，不忘记就是存在，常缅怀就是永生。梦里又见到了你，热泪盈眶。你华年早逝，唯一的欣慰，你还是年轻模样……”

志愿军老战士及其后代的留言，一般都是叙事兼抒怀，那些由心底喷涌而出的情感，真实而热烈。展览让健在老兵的记忆回到当年。他们怀念那段战斗的生活，那些生死的情谊，那些交织着血与火、情与仇的战地岁月（图 4-12）。志愿军第 39 军老兵罗桂良留言：“看了展览眼泪直流。许多战友牺牲了，我还

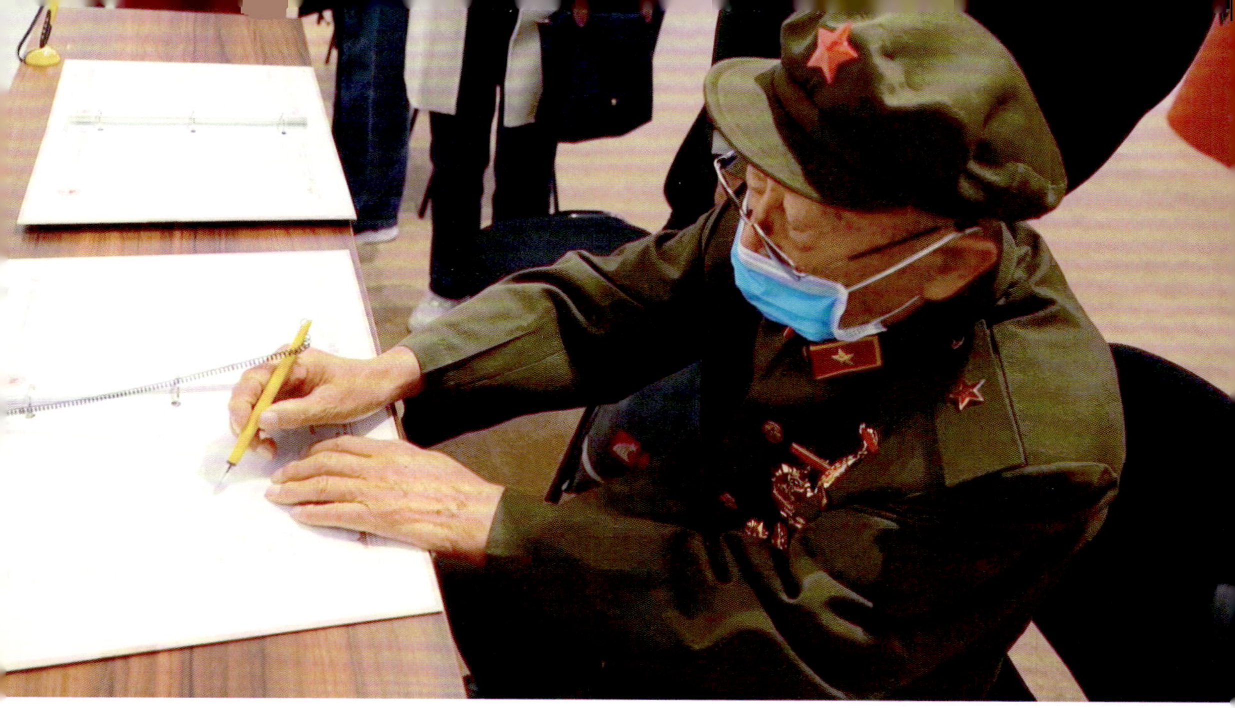

图 4-12　一位抗美援朝战士在留言册上书写观展感悟

幸存，是他们的血汗赐予。我们永远感谢他们，永远怀念他们。”展览让志愿军后代重新认识与自己生活多年的父辈，揭开并读懂他们谜一般的战地人生，“伟大来自平凡，英雄就在身边”的感慨油然而生。观众付婧写下了一长段的留言：“我的外公李春阳，沈阳人，1920 年出生，1997 年去世，19 岁入伍，参加了解放战争三大战役中的辽沈战役和平津战役。中华人民共和国成立后，他参加了抗美援朝战争，战争期间，担任志愿军第 42 军第 126 师第 376 团 3 营机枪排排长。作为首批入朝志愿军，于 1950 年 11 月 25 日入朝，苦战 2 年，于 1952 年 11 月 8 日回国。在战斗中，曾有子弹从他的帽子里穿过。外公于 1997 年因胃癌去世，享年 77 岁。在我的印象中，他是一个话不多但意志极为坚毅的人，对子孙有着极大的宽容和关爱。虽然我和外公已不在同一时空，但今天的参观让我感觉从未有过的贴近他，温暖而又感慨。感谢国家让我们重温这段历史。2020 年，正好是外公 100 岁诞辰，祖国没有忘记，人民没有忘记！我们要永远铭记着：在过去长期的艰苦岁月里，人民英雄们用自己的鲜血和生命换来了今天的胜利。缅怀！”

（2）血脉传承，强军有我

“看到他们，头顶军徽的我找到了自己冲锋的方向和姿态。我这一身军装不是铠甲，挡不住子弹和炮火，却包裹着一颗爱国之心和一腔报国的热血，等待祖国的召唤……”

重温历史的回声、战争的回响，军人群体的反应更为强烈。寻找所在部队的光荣历史和英模典型，关注当年战争的战略指导和战役战术部署，他们感受前辈的荣光，思考当下的行动方向（图 4–13）。王铮的留言很简洁，却让人看到了他深沉的大爱和厚重的誓言：“边防有我，请党放心！”退伍军人徐峥嵘写下的大段留言，让我们看到了他初心本色依然：“我来自特级英雄杨根思的家乡，一定要继续发扬‘三个不相信’的顽强意志和战斗精神，在伟大复兴的壮阔征程中砥砺前行！回首抗美援朝的惊天地、泣鬼神，依然令人心血澎湃，思绪万千，深感你们的勋名万古存，你们的气概永远激励着我们！当年你们出国作战捍卫了新生的中华人民共和国，现在祖国处处兴旺发达、欣欣向荣。还有 75 天就是中国共产党的百年华诞，走得再远也不能忘记走过的路，不能忘记当初为什么出发，所以匆匆留言，只为激励自己，时刻不忘初心、牢记使命，永葆咬定青山不放松的奋斗姿态，为强国强军的不懈追求兢兢业业。”杨万鹏看过展览之后说：“被英烈们的英雄事迹感动，特别是再次见到了邱少云烈士使用的枪。50 年前我上小学时曾经看到过这支枪。在烈士精神鼓舞激励下，我于 1974 年 12 月光荣入伍，从军 5 年双立功（个人 2 次立功，带领全班 2 次立功），受嘉奖 3 次，从军的经历永远难忘。向抗美援朝的英烈们致敬！”

（3）铭记先辈之血，不负盛世韶华

“如果不是真真实实感受到这一切，我也许会觉得和平由来已久，且触手可

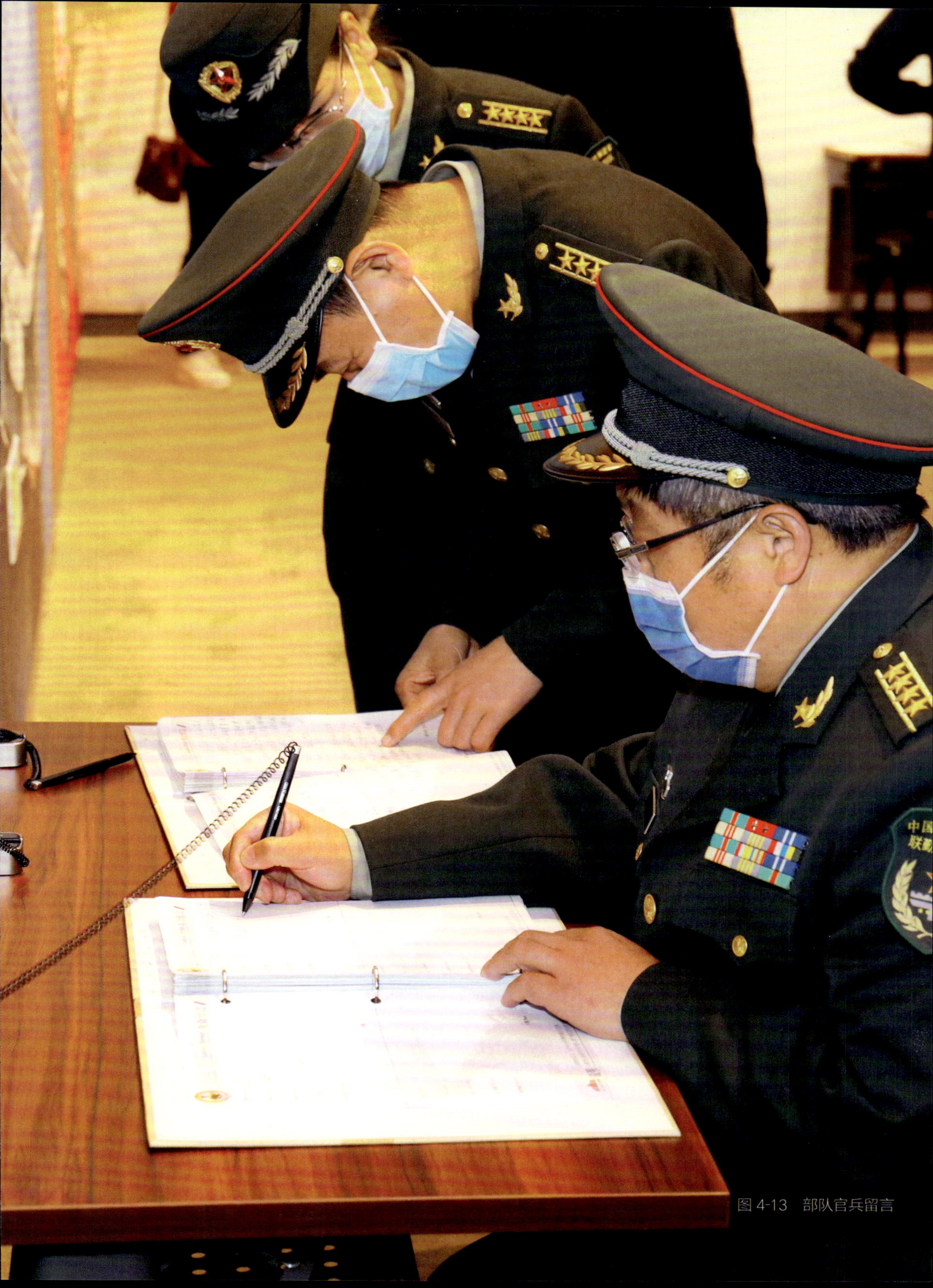

图 4-13　部队官兵留言

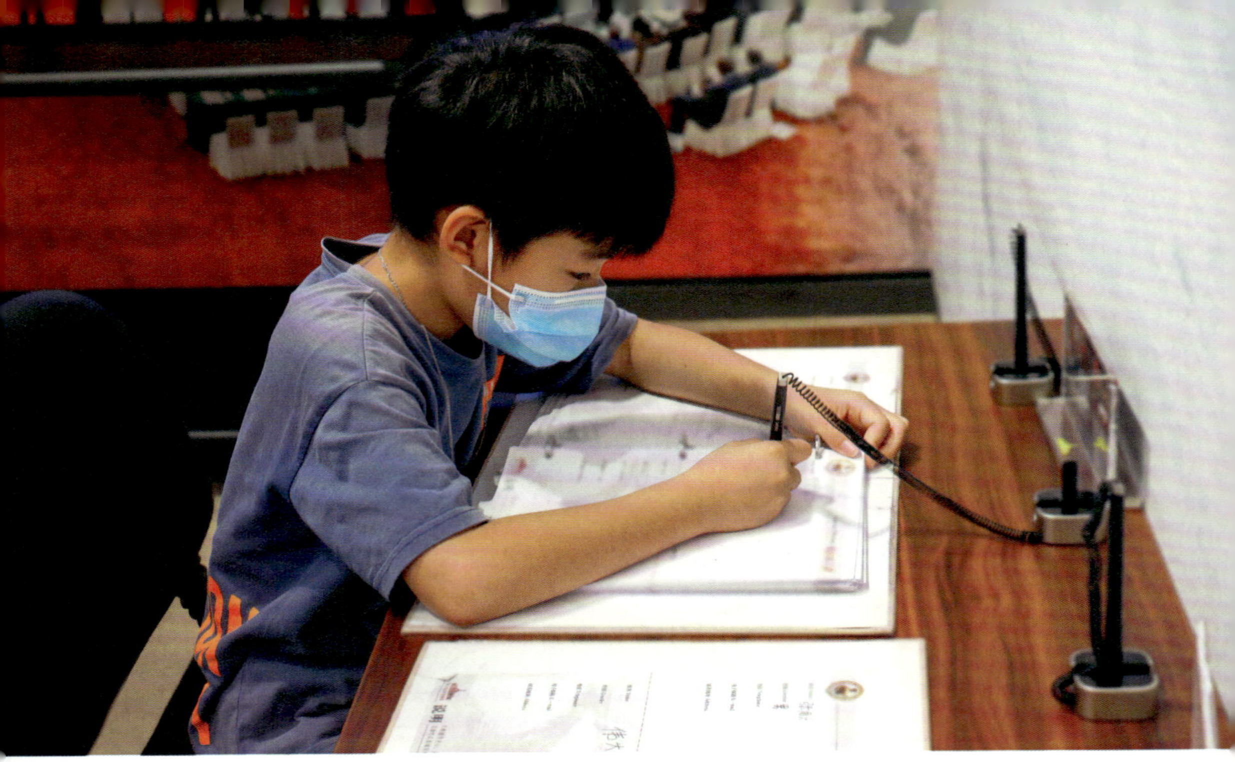

图 4-14　青少年留言

及、唾手可得，现在我明白，每一棵边关的草都比我们更懂得，那是多少宝贵的生命。和我们一样年轻的生命换来的和煦阳光，我要珍惜这一切……”

青少年的留言，带着年少青春的直白和清澈，还有小朋友写得歪歪扭扭的字。他们参观展览、触摸历史、瞻仰英雄，展厅的实景课堂加速了他们的成长，他们开始了对战争与和平、成长与奋斗等“国之大者”的思考（图 4-14）。姜禹丞说：“致敬最可爱的人，因为你们20岁时的坚持，才有了我们20岁时的和平。”一位来自抗美援朝的英雄城市丹东的中央财经大学学生留言：“丹东曾在抗美援朝期间遭受轰炸，也曾是前线的大后方。从小，丹东的孩子就接受抗美援朝精神的教育，大家都会唱‘雄赳赳，气昂昂，跨过鸭绿江’的歌曲，常去参观抗美援朝纪念馆。如今，能生在和平年代，住在丹东这样的英雄城市，我真的非常骄傲，希望在北京读书期间能学有所成，努力成为对祖国和人民有用的人。”一位首都师范大学学生留言：“老一辈给我们打下的江山我们要加倍珍惜，如今的中国屹立在世界东方，我们作为时代的新人要继承先辈的遗志，投入社会主义现代化建设的浪潮中。”一位中国政法大学学生这样写道：“这是一个英雄的国度，是无数先人烈士、无数中国人民拼搏出来的。身为新一代的中国青年，我无比骄傲、无比庆幸我生活在这个伟大的国家，我是一名中国人，社会主义的新时代在华夏大地上演绎出它的精彩。一代人有一代人的长征路，从百年前饱受欺凌、饱受欺辱，一步步打破封锁，一步步走向强大，这是一个令无数中国人民、令历代华夏子孙热泪盈眶的过程。我作为新一代的青年，必不辱使命，身为大一新生，作为法大人，我将用我热爱的法学建设这个我无比热爱的祖国。”一位中国邮电大学学生这样描绘自己的观展感受：“总有一股暖流，时时萦绕心间；总有一股力量，时时激荡全身。谁是最可爱的人？每一位为了伟大祖国复兴事业拼搏奋斗的人，都是最可爱的人！我们永远在前进路上，我们都是追梦人！”来自北京理工大学的学生在留言中表达了对先辈英雄的敬仰：“敬佩英雄烈士，他们是保家卫国战胜敌人的勇敢战士；敬佩党的英明决策，毛主席与中共中央的决策，果断实施；敬佩彭将军，一代名帅，军事奇才，带领着志愿军以少胜多，为他们点赞！”少先队员们也在留言里表达致敬感恩之意：“英勇的志愿军，谢谢你们带来的山河壮美、人民安康。请你们放心，人民军队将永远守护祖国。此致，敬礼！”北京市第九中学的学生边欧来馆参观两次：“看到先辈们的光荣事迹，我觉得这是我们一定要铭记的。反绞杀战中被磨出凹陷的铁锹，邱少云战士剩下的唯一的棉衣片，还有少先队的同学们送给战士们的红领巾，都让我无比感动。希望世界和平，我们的祖国越来越好。”北京水利水电学校的杨文师饱含深情地写下：“少年生在红旗下，长在春风里。追着光，靠近光，成为光，散发光，时刻为实现中华民族伟大复兴的中国梦奉献终生。目光所至，皆为八一；五星闪耀，皆为信仰。愿以吾辈之青春捍卫这盛世之中华。”二年级小学生赵鸿源在参观后表示：“今天很感动，我要牢记英雄们的伟大精神，好好学习，天天向上，做一名优秀的少先队员。”王天鹏、王梓沣是蓝天幼儿园的学生，他们说：“我们看到伟大领袖，看到英勇的解放军战士，感到自豪和光荣。我们会好好学习，天天向上，建设我们的祖国。我们爱你，中国！”

（4）感恩岁月静好，奋斗伟大时代

“城市车水马龙，乡野郁郁葱葱，人们脸上都带着自由的笑容。打开电视和网络，世界的某处依然有战火蔓延，我才深切感受到，世界上从没有真正的和平，只是我们生活在一个和平的国家！我们没有资格庸庸碌碌，因为这平安付出了太大的代价……”

社会群众的留言里，情绪情感多种多样，但为抗美援朝的伟大历史深深震撼、深受感染，是他们观展期间的共情共鸣。刘振国写下这样的留言：“雄赳赳，气昂昂，跨过鸭绿江！战歌仿佛还在耳边唱响，震天动地的杀敌声仿佛还在耳边回荡！ 70 年前英勇的中国人民志愿军带着保家卫国的坚定信念，奔赴朝鲜战场。在武器装备落后、生活环境艰苦、作战条件恶劣的情况下，打赢了这场正义之战，捍卫了祖国的尊严。向最可爱的人致敬！”观众喻兰被志愿军将士们的爱国主义精神和英雄主义精神感动：“非常感激他们的付出，感恩生长在伟大的中国，生活在这个伟大的时代！抗美援朝的胜利来自前方后方齐努力，各自贡献自己的力量，各自发挥自己的光和热。”张晨曦是一名党员，她在留言中写道：“我们今天的幸福生活，是无数革命先烈舍生忘死、前仆后继才取得的。作为新时代共产党人，我们不能坐享其成，而是应该在本职岗位上努力奋斗，为建成社会主义现代化强国作出贡献。致敬抗美援朝志愿军！”观众于晓带着 9 岁的孩子来到军博参观，她感慨万分：“今日之和平是多少烈士用鲜血换来的，我们这一代人没有机会为祖国奉献牺牲，但我们要将这种精神传递下去。身为华夏人，我辈当自豪！”有位 77 岁的老人也亲自提笔写留言：“70 年前，我是小学生，为抗美援朝捐过款。中国越来越强大，谁敢来犯，坚决打他不留情！中国人民志愿军万岁！”（图 4-15）观众赵鹏飞是和孩子一起来观看展览的，他认为参观展览对自己“也是一次学习提高和再教育，对孩子是一次精神洗礼”。

图 4-15　老年人留言

观众张平浒思绪良多，如其在留言中所言：“转眼七十年，忆硝烟，黄继光、邱少云、罗盛教……这些在童年时耳熟能详的名字又再被提起，心潮翻滚，热泪盈眶。抗美援朝精神没有远去，没有过时，它将永远激励我们这个不屈不挠的伟大民族，面对重重危难时迸发出蓬勃之力。于变局中谋全局，于困苦中崛起。在以习近平同志为核心的党中央坚强领导下，在‘两个一百年’交汇的历史时期，中国人民将继续不忘初心、砥砺前行，我们的民族将永远屹立在世界东方，绽放出绚丽的人类文明光芒！祝中国人民革命军事博物馆越办越好！”

（二）公众网上观展的留言寄语

网上展馆的展陈形式和观众参与模式，作为博物馆展览陈列的一个必要组成，已经显示出愈来愈重要的宣教作用，尤其是对于不便来馆的观众来说。截至 2022 年 10 月 15 日，累计有 416 万名网友点赞，网上观众留言近 4000 条。这种互动式的留言体验，激发了观众强烈的情感共鸣，加深了观众的展览参与度，达到了良好的宣传效果。

公众在网上的交流发言一般比较简短，但表达却更为直白。表达最多的是弘扬志愿军精神和缅怀英雄。满腔热忱、感人肺腑的留言，是参与留言的观众爱党爱国最直观的反映。“向英雄致敬”“缅怀英烈”是留言中出现频率最高的词。留言字数从几个字到上百字不等，大量观众表达了对抗美援朝精神的高度赞誉，对牺牲的志愿军指战员的深切缅怀和追思，对党和国家、对人民军队的热爱，以及投身国家复兴事业的坚定决心。

也有众多网上观众对军博举办的抗美援朝主题展表示高度评价，对展览的教育意义、展示内容、展品文物、展陈设计、展示手段和观众服务等方面给予了充分肯定。有观众表示“展示手段很逼真”“展览很震撼”“全景形式新颖”“这样的网上展览真的很棒”等，也有众多网友表示“希望以后多出一些这样形式的线上展览”，还有网友表达了对网上展馆的感谢，说“我用手机拍下了网上展厅给姥爷看，姥爷已经食道癌晚期，他是抗美援朝的老兵，特别想去军博看看，也算满足了他的愿望。看着牺牲的老战友，他颤颤巍巍的手好像要敬礼……”

网上留言群体覆盖志愿军老战士及其后代、军队人员、党政机关及企事业单位人员、大中小学生等各类人群。许多网上观众表达了参观感悟，学生群体表达出奋发学习、立志报国的决心和信心。

有部队单位的网友表示，看了线上展览感觉很震撼，会组织单位人员前来军博实地观展，开展更为深入的教育活动。也有网友表示“希望这个展览成为军事博物馆的常设展览，不只是今年去看，而是要经常去看；不只是去受教育，更是去净化心灵”。

（三）社会媒体的观展评论

展览作为党和国家、军队纪念抗美援朝的一项重大活动安排，自然成为媒体和公众关注的焦点、热点。自开展以来，各级各类媒体充分挖掘开幕、专场、重要时间节点、特殊参观观众等新闻点，不断推出实况、侧记纪实，纷纷报道转载，抗美援朝主题展一度成为占据媒体屏幕版面的热点话题。

展览联动国内媒体，接待60多家媒体来馆采访报道。新华社相继播发开幕式、老兵专场等新闻通稿，《人民日报（海外版）》的“焦点关注”专栏文章写道：“总书记参观过的这场展览，人气火爆。记者注意到，自展览向公众开放后，已连续3个工作日，8000张门票都被预约一空，观众参观学习的热情高涨。通过1900余件文物以及大量视频、实物场景等，展览将时光拉回到70年前，带观众走近那群‘最可爱的人’。‘向抗美援朝志愿军将士致敬！’‘烈士们的功绩彪炳千秋，烈士们的英名万古流芳！’‘不忘初心、牢记使命，向着实现中华民族伟大复兴的中国梦继续奋勇前进！’……在展览结束处的留言簿上，不少观众用笔写下自己的敬意与感动。”

《农民日报》《工人日报》等行业报纸，结合自身办报定位，对主题展和抗美援朝伟大历程进行了多侧面的宣传。《中国妇女报》以“铭记！抗美援朝中的巾帼奉献”为题，集中报道志愿军女战士舍生忘死的英勇事迹和后方广大妇女慷慨奉献支援前线的感人故事。志愿军老兵房普生之子房林告诉《法治日报》记者：“看完展览深受震撼，这次展览规模大、实物展品多、资料相比以往更加齐全，重现了我们的父辈当年艰苦的战争经历，展现了他们顽强的斗争精神和不屈的意志品质。战争史料和实物的展现，让大家重新认识和深刻理解抗美援朝战争的重大意义，对社会公众教育意义重大。”

《解放军报》、《中国国防报》、中央电视台国防和军事频道、中国军网等军事类主流媒体，围绕展览推出一系列专栏和专题策划，深入挖掘重点展品展项、英雄部队及英雄人物故事，以“天地长存英雄气”“红色旗阵的精神图谱”“向死而生的民族血性”“永恒的精神洗礼从哪里来”“人民战争这个法宝永远不能丢”等为题，浓墨重彩地宣传70年前的志愿军英烈光辉事迹，充分反映部队官兵和社会公众参观展览深受教育激励的生动事例，启发对爱国主义、英雄主义、正义战争等重大历史和现实问题的思考。《北京日报》、北京卫视等京内媒体，重点报道了市民参观纪念的盛况和感人场景，推送提示展览参观信息。

网络平台、自媒体也自动汇入报道推送的行列，或是深入展厅一线实地采访，或是如实记录观展过程。这种自发式的传播更接地气，更易引起网民公众的共鸣。同期的军博新媒体也加大了抗美援朝主题内容的制作推送，形成线上线下遥相呼应的宣传之势（图4–16）。

图 4-16　抖音自媒体发布的相关视频

（四）十大陈列展览精品评选的专家评语

2021 年，我们申报抗美援朝主题展参评第十八届（2020 年度）全国博物馆十大陈列展览精品评选活动。参评期间，来自全国高校文博专业的学者教授及各级文旅部门和各家博物馆的专家评委们，对抗美援朝主题展给出了十分中肯的评价，提出了很多颇有见地的意见，为我们品读展览提供了更加专业、更加多维的视角。

1.关于整体印象

来自中国文物报社的李耀申认为："作为党、国家、人民军队重大历史题材纪念展览，政治站位、精神传递、现实意义俱佳，叙事宏大，展品丰富，设计制作精良，观众反响强烈，社会影响深远。"来自中国国家博物馆的王建平认为："展览全面展示抗美援朝战争、抗美援朝运动，着力弘扬伟大的抗美援朝精神，主题鲜明突出，内容翔实感人，结构清晰合理，展品数量丰富，表现形式恢宏壮观，有强烈的视觉冲击力，是对抗美援朝英烈的深切缅怀和隆重纪念，社会反响强烈。"来自故宫博物院的闫宏斌认为："有正确政治方向和价值导向，展览体现时代精神，有较强的思想性、知识性，展览组织有序，制作精良，形式设计有探索和突破，公众服务周到细致。"来自安徽博物院的胡敏认为："以党、人民、志愿军为视角，全面展示抗美援朝战争、运动和对英烈的缅怀和深深纪念，展品珍贵、丰富，故事性强，可视性强，见人见物见精神；形式设计庄严大气，流线畅通，层次分明。"来自首都博物馆的黄雪寅认为："此展览是中国人民革命军事博物馆集中馆藏及全国资源打造的红色展览，其主题宏大，内容研究与形式设计体现了当下博物馆展览的驾驭能力和表现手段。展览所涉及的相关社教活动，也非常有特色。"

2.关于主题立意

展览以抗美援朝战争为核心叙事，这场新中国的立国之战值得记录、传播、思索，是专家们的一致意见。抗美援朝主题展紧扣时代脉搏、服务大局的高站位，得到郑州枫华实业股份有限公司马笑然评委的高度评价：“展览选题符合党和国家重要指示精神，服从服务党和国家政治外交大局，突出斗争精神和宣示捍卫和平的决心，凝聚砥砺奋进力量，实现了政治效果、社会效果、舆论效果的有机统一。”来自沈阳“九一八”历史博物馆的范丽红认为：“展览首次按党、国家和军队最高规格，叙事宏大、全面精准、视角独特，集政治性、历史性、思想性、时代性、国际性为一体，全面展示了抗美援朝战争和抗美援朝精神，以及对抗美援朝英烈的缅怀与隆重纪念。”来自南京师范大学的黄洋评价道：“展览以中国共产党、中国人民和中国人民志愿军为主视角，围绕战争主线，突出战场较量，以物说话，让历史发声，可以说很好地体现了展览的真谛。”来自徐州博物馆的李晓军也充分肯定展览主题策划的重要社会政治意义，认为：“对纪念中国人民志愿军抗美援朝出国作战胜利 70 周年和大力弘扬爱国主义精神和抗美援朝精神发挥了不可替代的作用。”来自二里头夏都遗址博物馆的王献本充分肯定展览主题对当下时代的重要意义，指出：“该展览紧紧围绕弘扬爱国主义精神和革命英雄主义精神的主题，全面回顾了中国共产党领导抗美援朝战争的光辉历程和宝贵经验，生动反映了伟大的抗美援朝精神的丰富内涵和时代价值。有利于加强青年爱国主义教育，增强了民族凝聚力。”

3.关于内容设计

对展览的时序结构与全景式展示，来自北京汽车博物馆的杨蕊给予好评：“该展览以时间为序，以丰富的史料和 1900 余件文物、照片、文献资料等，全景式回顾展示抗美援朝战争的伟大历程。”来自大庆市博物馆的张凤礼认为：“该展览陈列大纲主题突出，内容层次分明，图文丰富，以实物展品，辅助雕塑、场景、图表、文字展板、多媒体视频等形式，系统全面地再现了抗美援朝的悲壮史实，每一部分联系紧密，环环相扣。”针对展览既反映战争全景又兼顾重点要点的内容设计，来自宝鸡青铜器博物院的陈亮指出：“精心设计 7 个主要部分，设置‘不忘初心　牢记使命　永远奋斗’等 5 个专题，充分展示了抗美援朝战争中的重大历史事件、重要战役战斗、重要历史人物，兼顾展示政治、经济、外交等方面斗争的场景。”来自山东金石书法博物馆的魏清福指出：“展品展示的中心和焦点也较为突出，将中国共产党和中国人民维护和平的正义担当以及反映抗美援朝战争胜利的伟大意义、历史贡献和革命精神体现得淋漓尽致，把为决胜全面建成小康社会、夺取新时代伟大胜利、实现中国梦强军梦而奋斗的精神加注其中。”

4.关于展品运用

展览善于运用史料和文物进行历史叙事。1900 余件文物（其中一级文物 81 件、首次展出文物 824 件）、529 张照片、12 件艺术品、83 幅图表制字、12 个视频、大量文献资料等，以物代史，让历史活起来，给评委们留下了深刻印象。来自中国现代文学馆的傅光明评价：“以大量文物、档案和文献，多视角、多侧面、多手段全景展示抗美援朝。尤其给人印象深刻的是，首次展出 800 余件文物，并在史实和细节上下功夫。”来自吉林省博物院的李刚称赞展览“大量挖掘文物、档案和文献，包括美国和苏联的档案，在保护修复基础上，采取密集化、故事性、多手法展示方式，影像与文物结合表达，让文物说话。深入研究史实与细节，下功夫整理和展示英模人物，突出战味和军味，见人见事见精神，全面展示‘最可爱的人’的宝贵品质”。展览的高品质离不开丰富又具有代表性的展品，来自成都博物馆的任舸评价指出：“展品丰富，图文、实物资料翔实。展品背后令人敬佩的故事极具感染力。英雄人物使用过的物品、巨幅作战地图、缴获的武器等大量有代表性的文物，配合油画、国画、雕塑等艺术品，尽显高规格。”来自天津金融博物馆的邵颖结合具体文物指出：“通过《志愿军战歌》手稿、特级英雄黄继光牺牲处挖掘出来的爆破筒残体、缴获的武器装备等一系列抗美援朝时期珍贵的历史文物配以翔实的文献资料，通过新颖多元的展陈手段，系统全面地再现了抗美援朝的悲壮史实，呈现出全国各族人民同仇敌忾、万众一心的爱国情怀。”

5.关于视觉设计

展览设计的整体性、系统性，沉浸式、多样化的艺术表达，赢得了评委们的高度评价。来自云南省博物馆的马文斗评价：“该展览充分发挥了中国人民革命军事博物馆展厅空间高阔的优势，叙事及视觉空间延展性高。主展线以文物展品、文字图片、视频影像与展厅中心地带多元化展陈的历史场景互相呼应，自然衔接，形成抗美援朝主题激动人心的沉浸式历史空间。展览文物陈列完整生动，通过准确的艺术设计配以动感的视频影像使展厅内高潮迭起，形成了沉浸式的展览语境。”来自山东博物馆的杨波充分肯定“组合式”陈列设计：“为了表达一个完整的主题，使用‘组合式’陈列手段，将若干件文物按严格的空间关系和构图排列组合，力求用文物完整地叙述历史。同时，将文物与场景和新媒体结合起来，把文物放到一个形象生动直观的历史背景中去，使文物给观众更加鲜活的印象。”来自吉林大学的吕军的评价侧重于展览的空间结构、主辅展线等，他指出：“在版面设计中，注重整体性、系统性，使用多组展览造型、艺术景观、组合式吊顶、大型浮雕墙等空间结构，与军博高阔的空间结合，搭建成雄伟壮观的‘抗美援朝精神’的结构空间。这些大型空间展示结构在军博三个展厅内贯穿了以文物、图片、文字、视频为主体的主展线，形成了志愿军抗美援朝蔚为壮观的空间语境。展览充分发挥好军博西侧 L 形三个展厅空间高阔的优势，组织全新的、多样化的展览空间，营造‘抗美援朝、保家卫国’壮丽的时空走廊，沿展厅外沿搭建气势宏伟的主展线。主辅展线互相呼应，自然衔接，形成抗美援朝主题激动人心的沉浸式历史空间。”来自北京艺术博物馆的王丹结合展览的具体造型，评价道：“序展圆厅、组合式吊顶中国人民志愿军旗阵、大型组合雕塑＋多媒体场景上甘岭战役、组合造型空中拼刺刀、大型裸展台、志愿军凯旋门等大型空间展示结构，形成了志愿军抗美援朝蔚为壮观的空间语境。这些场景以多组英雄形象和强烈的视觉冲击力，配以动感的视频影像使展厅内高潮迭起，形成了沉浸式的展览语境。”来自南京师范大学的黄洋评委充分肯定军博“大气＋细节＋优势特色”的办展手法，指出：“展览的形式设计整体恢宏大气又注重细节，特别是几个复原场景，如鏖战长津湖、血战上甘岭等场景令人印象深刻，并非以往一味采用宏大场景。发挥革命军事博物馆展览中绘画的优势，几个半景画运用得恰到好处，如重现激战松骨峰场景的油画形象生动。展览中留言电话亭的细节很好。特别值得一提的是，本次大型特展还采用了专题展的方式，反映志愿军思想建设、文化等专题，令人耳目一新，可以作为今后大型展览的策展模式。”来自辽宁省博物馆的刘宁认为展览形式效果堪称震撼：“形式设计上充分利用展厅高大宽阔的条件，突出庄重恢宏的空间布局、版式设计和色彩过渡，通过错落有致的流线布局、多层变化的造型基础展墙、精当的景观造型和传神的油画雕塑等艺术品，提升展览的观赏性和视觉冲击力。”

6.关于展示效果

专家们认为，展览充分实现了让文物成为证物、让历史告诉未来，铭记伟大历史、传承红色基因、振奋民族精神的办展初心。来自浙江省文物局的曹鸿指出：“纪念抗美援朝战争胜利，是为了更好地汲取历史经验，获得现实和长远的教益。展览让我们永远铭记以毛泽东同志为代表的老一辈无产阶级革命家和中国人民志愿军建立的不朽功勋，牢记抗美援朝战争的重大意义和深远影响。内容丰富，展现清晰，意义深远，对观众有着深刻的启迪。"来自上海市青浦区博物馆的王辉认为：展览是生动的历史教科书，"整个展览以中国人民志愿军为主角，以大量实物、文献为支撑，讴歌了'最可爱的人'的英勇精神，体现了中国人民热爱和平正义的优秀品格，主题鲜明，视角独特，气势磅礴，富有思想性、艺术性，是生动的爱国主义教材。"来自河北省文物局的韩立森从五个方面总结评价展览的价值意义："重大性——围绕抗美援朝70周年国家重大政治宣传主题工作而策划，按照国家宣传、党史、军事等领导机构最高规格项目定位。首发性——首次全面回顾志愿军历史，许多珍贵史料和文物首次展出。权威性——史料翔实，凝聚党史、军史研究成果和权威口径。感染性——展览设计庄重、恢宏、大气，形式丰富，氛围饱满，投资充沛，制作精良。传播性——观众人数高，宣传报道广泛持久，营造浓厚的爱国主义和爱党爱军宣传效应和政治效应。"来自襄阳市博物馆的姚练从观众视角评价："展览生动展示了中国人民志愿军将士的英雄气概和不畏强敌的战斗精神，让来此参观的人心潮澎湃。一位位'最可爱的人'用热血与生命汇聚成的伟大抗美援朝精神，跨越时空，历久弥新，激励着每一位中华儿女。"来自新疆维吾尔自治区博物馆的于志勇充分肯定展览的现实意义："展览生动反映了伟大抗美援朝精神的丰富内涵和时代价值，聚焦展览主题，反映战争全貌，突出斗争精神，宣示捍卫和平决心，凝聚砥砺奋进力量，实现政治效果、社会效果、舆论效果有机统一。"

7.十大陈列展览精品自荐评语——中国人民革命军事博物馆李洪军

展览主题鲜明，内容丰富。该展览紧紧围绕弘扬爱国主义精神和革命英雄主义精神的主题，以中国共产党、中国人民和中国人民志愿军为主视角，围绕战争主线，突出战场较量。展览全面回顾中国共产党领导抗美援朝战争的光辉历程和宝贵经验，生动反映伟大的抗美援朝精神的丰富内涵和时代价值，重点展示志愿军将士的英雄气概和不畏强敌、战胜强敌的精神优势，展现全国各族人民同仇敌忾、万众一心的爱国情怀，彰显中华民族不畏强暴、维护和平的坚定决心。

版面设计注重整体性、系统性。设置了高达 6 米的背景底图，用立体展墙、壁饰景观、大型合成图、影像视频等多种手段丰富版面的艺术表现力。

力求用文物完整地叙述历史。将文物按严格的空间关系和构图排列组合，通过艺术设计使文物信息与图片信息互为解读，对历史事件的诠释更加生动。

以主题造型、雕塑、多媒体、场景等形成沉浸式的历史空间。使用多组展览造型、艺术景观、组合式吊顶、大型浮雕墙等空间结构，与军博高阔的空间结合，搭建成雄伟壮观的“抗美援朝精神”的结构空间，形成了多组爱国主义教育的“情景课堂”。

铭记伟大胜利

Mind
the Resounding Victory

结语

『赓续红色血脉』的使命担当

2021 年 2 月，我们申报“铭记伟大胜利　捍卫和平正义——纪念中国人民志愿军抗美援朝出国作战 70 周年主题展览”参加第十八届全国博物馆十大陈列展览精品评选活动。在申报材料中我们总结归纳了这次展览的特点亮点。主要有:①突出文物主体地位，最大限度地展示文物。对展出文物实施精细化修复保护，确保展出文物以最佳面貌、最安全状态与观众对话。②大量挖掘档案文献和历史影像，将档案文献与影像、文物、多媒体景观组团陈列，使观众融入历史氛围。③全面整理和展示英模人物，除了大家耳熟能详的英雄，还完善补充张永富等 13 位一级英雄的信息，把不为人知的感人事迹呈现给观众。④提升展览观赏性和视觉冲击力。⑤实现观众接待讲解的最大化与疫情防控下的零感染双赢。⑥实现展览线上、线下同步和军博文创产品设计的突破。⑦观众服务互动化。在展厅设置手写留言台、视频留言亭。定期整理感人的观众留言和视频，在出口处滚动播放，实现与观众交流的双向循环。⑧宣传教育多元化。开幕前组织媒体预热采访，编辑出版《英雄赞歌》和展览画册。开幕后编报新闻报道作品集和观众留言集萃，开展主题讲座、老电影展映和部队巡展等，在地铁“军博站”换乘通道和馆区周边设置巨幅宣传海报和宣传灯箱。其中，有策展办展的直接特点举措，也有教育宣传、运行推介的有效做法，体现了我们策划展览注重全过程、全方位、全覆盖的理念。

我们以为这个展览最大的特点亮点，体现在社会反响和观众感悟上，特别是观众的认可、获益、升华，是我们最为关注的预期目标。从这一点上看，我们是满意的。

展览隆重开幕后，尽管因疫情影响，实行全面预约、限流错峰等措施，但丝毫没有影响公众参观的热情。一年内我们收集到 4 万余条纸质留言。其中有抗美援朝老战士回忆往昔的战斗经历，有革命后代感念父辈的英雄过往，有解放军官兵发出的铿锵誓言，有莘莘学子记录下的心灵震撼。留言的字里行间，涌动着广大观众对志愿军将士的无限崇敬之情，传承着对革命英雄主义的坚定认同，弘扬着对接力奋斗伟大时代的昂扬正气。

品读留言既是捡拾观众散落的心声，又是审视办展的成果。作为展览的举办者，看到这些滚烫的文字和发自肺腑的感悟，我们深感欣慰，因为它们表现了观众体验的最高境界——内心感悟，这是精神的共鸣和思想的升华，是最为深刻、令人难忘、影响长远的记忆和印象。

展览获得第十八届全国博物馆十大陈列展览精品评选特别奖，体现了政府和社会对展览的认可和褒扬。这愈发使我们深刻认识到传承红色基因、弘扬中华优秀传统文化、服务社会发展的崇高价值和现实意义，以及博物馆在这方面大有可为的前景。

成就让我们欣慰和自豪，但没有让我们自满。认真检视抗美援朝主题展策展过程，我们感到还存在不少问题。如：尚没有在局部或个案上采用口述历史这种博物馆新的叙事形式，而这一形式是对于观众来讲更适合战争题材的鲜活而生动表达的方式；制定展览目标时对观众需求调研不够，甚至缺位，使得展览以主导式叙事为主，主动考虑观众的接受度欠缺，内容的丰富性和情感性不足；概念方案对雕塑等重点展项设计深度细度不够，重创意轻实施，设计制作单位领会意图不到位，成品效果较预期目标存在差距；时间节点和工作节奏控制上前松后紧，使得深化设计、艺术品创作和施工布展等出现“催生”现象，有些创意很好的展项因时间关系而被放弃；评标办法中“让利下浮率”分值占比略低，投标单位重视程度不够高，导致中标价格与决算价格差距较大；审查中的调整修改，有主观随意现象，对设计制作公司积极性、主动性、创新性有一定影响；在协调落实上级主管部门意图与共同遵循策展基本规律、把握展览基本审美标准和建设规范等方面，还需要加强各方理解沟通，努力做到同频共振；等等。

这些不足之处，促使我们通过回顾举办抗美援朝主题展的过程，深入思考办好这类展览的一些理论性和指导性问题，以便认识规律、把握特征、指导实践，主要体会有三点：

一是抓准展览策划的特点规律。在当今中国博物馆语境里，展览策划是一个包罗万象的概念。它可以是展览最早的创意、最初的草图，也可以是初步的内容框架、空间的概念设计，还可以是全面的内容文本编写、深化的展项效果呈现，乃至制订开幕式方案、讲解服务计划、教育活动拓展，等等，大到展览主题提炼，小到展品位置摆放，覆盖了展览最终形态的各个层面和实现这一目标的整个过程。

不管策展概念存在多么大的差别，有一点是我们必须要承认的，即“策展”是由博物馆中或大或小的团队来实施的，主要推动者可能是博物馆的馆长，也可能是富有专业经验、专门从事研究的业务人员。这是一项集思想创意与设计实施为一体，具有系统性、多样性、复杂性特点的活动。其系统性体现在展览从最开始动议到展览落地，再到接待观众参观，有一个持续的动态的完整的流程，每一个环节都不可或缺，需要全流程全方位精细化组织实施。其多样性不仅体现在展览中各式各样展品展项的设计制作需要多个专业共同参与，还体现在策展过程涉及各种不同的专业领域，以及内部和外部不同的部门，需要多方面的协调配合。其复杂性体现在策展团队需要处理解决设计与审查、进度与质量、创意与效果、经费与展项、决算与审计等之间出现的矛盾和偏差，求得一个恰当的平衡点，实现领导满意、观众认可的目标。尤其对大型的、具有重大意义的、开幕式和参观人员规格高的展览，这三个特点更加突出。因此，对待一个策展项目，一定要体系化设计、多方面兼顾、总体性实施。

尽管“策展”纵向持续展览举办全过程，横向覆盖展览各个专业领域，经历时间长、参与人员多、涉及方面广，但不意味着各个时间环节、各类专业人员、各个推进步骤的地位作用是完全一致的。其中，“策”的作用最为关键，包含核心人员、核心团队的创意，即提炼展览主题，确立展览指导思想、把握原则和框架结构，进行空间概念设计和提出重点展项方案等。“策展”之中的“策”，体现了一个博物馆对某一领域的专业研究水平，文物收藏、保护和利用条件的准备，以及对推出时机的适时把握，是对单位综合业务能力的检验。所以，博物馆应注意培养内容编辑、文物研究、形式设计、宣传教育、新媒体传播等专业业务骨干，形成核心力量，汇集集体智慧，有步骤、有计划地推出策展方案，不断丰富博物馆文化产品。

二是要抓住展览样式特征。革命历史题材展览或称红色题材展览，在陈列语言运用上与历史文化艺术类展览或自然科技民俗类展览大相径庭，且越来越具有自身独特的叙事逻辑和轮廓样式。比较而言，综合归纳，革命历史题材展览的样式特征包含但不局限于以下几方面：①重主题化设计和成就性展示；②重体系化演绎和叙事性表达；③重标识化提炼和直接性呈现；④重场景化再现和故事性渲染；⑤重艺术品创作和科技手段赋能；⑥重多样化推介和融合性转化。以上包含内容设计、形式设计、多媒体设计、艺术品创作和宣传教育等各个方面。这些差异性，源自展览由以“物”为统领的客观本体呈现，向以“主题”为统领的主观叙事表达的转化，体现了博物馆推出主题展览逐渐成为趋势或主流，从侧重保留历史记忆转向侧重关注社会需求，从侧重公共知识传播转向侧重社会宣传教育，越来越主动地把握时代脉搏、回应时代诉求、走进公众日常生活。

对于这些革命历史题材展览样式特征，在展览中，我们有的方面是自觉运用，手法比较娴熟且效果明显，有的则是“人有我有”式的模仿，手法比较生硬且效果一般。对这一问题的把握，既要认清特征、把握实质，增强主动性，又要视情运用、注重实效，减少盲目性。好的展览不一定要面面俱佳，而一定是特色鲜明、品质上乘。当前，尤其需要注意避免循规蹈矩、千展一面的办展路子。要做到守正创新，需要认真分析并处理好策展目标与观众需求的关系、宣传教育与文化认同的关系、宏观叙事与微观史实的关系、显性造型与隐性物证的关系、高新技术与传统手段的关系等，真正认清规律，抓住趋势，切合实际，恰当运用，推出的展览既有底色（红色），又有特色、亮色和暖色，服务于人民群众日益增长的对美好生活和精神文化的需求。这是值得策展人员认真研究和深入探索的。

三是要抓好总体组织管理。总体组织管理就是对整个展览策划实施过程进行全流程指挥和把控，包括设计、推进、协调、管理、监督、验收等。大致分为五个阶段：①展览大纲、方案编写和概念设计阶段；②招标准备和招标阶段；③施工布展阶段；④开放接待阶段；⑤审计决算阶段。其特点是要一气呵成、前后衔接，梯次推进、整体运筹。一个展览能不能获得全面成功，除了展览本身得到领导肯定、观众认可、舆论称赞以外，决算审计能否顺利进行而不留“后遗症”，在巡视监察中能否顺利过关而不出问题，相关设施设备的专业检测是否达标，同样是对策展成功的考验。而这正是总体组织管理到不到位、规范不规范、严格不严格所决定的。

从目前博物馆实践来看，总体组织管理一般是由博物馆富有经验的负责展览业务的领导来牵头负责的。负责人必须十分熟悉展览项目每一个阶段的工作任务和要求，十分了解各程序、步骤之间的连接、交叉、配合的节点和要实现的阶段性目标，特别是要对展览项目所涉及的造价咨询、采购招标、工程合同、布展计划、监理监督、变更确认、经费把控、安全操作等相关专业了然于胸。负责人要全程参与项目实施过程的所有工作程序、工作环节、工作步骤的策划制定，随时关注和把控整个项目的实施状况。负责人最好能前瞻地预见项目实施过程中可能出现的各种情况，预先制订出解决处置方案，保持项目平稳运行；还要能遇事不乱，积极有效应对，果断予以处置，最大限度减少消除突发问题对项目实施的干扰影响。当然，这样的领军人物并不是单打独斗，还要有他（她）

所领导的核心团队，他们的业务范围最好能覆盖上述五个阶段，形成组织管理流程全覆盖。此外，一般而言，除了第一阶段和第四阶段为博物馆能够独立胜任的业务外，招标准备和招标过程、施工布展、审计决算等阶段都需要遴选专业公司参与配合，即造价咨询、招标代理、工程监理和审计决算。这些专业公司的加入是完成总体组织管理任务的必要条件，不可或缺。同时，严格规范的制度、认真细致的态度、公正廉洁的作风也是必不可少的。

随着博物馆展览策划实施的规范化，很多馆一级领导是能够胜任总体组织管理重任的，但当前举办一个大型主题展览所面对的多样性、复杂性和艰巨性是以往无可比拟的，难免出现应对不暇的情况，需要强有力的业务助手予以协助，而中层领导或业务骨干独当一面尚可，是多面手的不多，能全面胜任的更是寥寥。这一现状不能很好地适应当前博物馆新展览推出数量多、频次高的需要。尤其是重大历史题材的纪念性主题展览，往往面临审查层级多、层次高，同时又存在时间短、投资大、变更多、审计严等现实问题，给规范实施总体组织管理带来许多不确定因素和难点，更加考验策展团队核心人员的决策协调和处置能力。所以，要抓好展览策划的总体组织管理，必须抓紧培养推出既具有博物馆专业素养，又具有建设项目组织管理能力的综合性专业人才。

这些体会主要是针对策划举办大型纪念性主题展览的。对于军博来说，还有基本陈列、专题展览等不同形式的展览，又有叙事类、器物类、艺术品类等多种呈现样式。我们认为，每一个展览都是独特的，如有生命的个体，都需要精心培育。一个展览积累的经验，是策划其他展览的有益养分。我们要对其继承发扬、改进完善，触类旁通、灵活运用，不断提高展览的质量效益和对社会的贡献率。

最后要说的是，这次对策展的梳理，不仅是对举办一个展览全过程、全要素的总结回顾，是策展者真实的体会和感受，更是对今后办好展览的反思和启发。在构建中国力量、中国精神、中国效率的时代背景下，博物馆需要充分发挥社会效益，为增强文化自信、凝聚国家认同贡献扎扎实实的业绩。这是新时代对我们的激励和鞭策，更应是所有博物馆策展者的使命担当。

后　记

组织编写“中国博物馆陈列展览精品·策展笔记”丛书，是中国博物馆协会为提高博物馆展览水平而开展的一项非常有益的工作。军博很荣幸被列为首批参与撰写的单位之一。一个博物馆一年可能要举办几个，甚至十几个展览。全国博物馆一年举办的展览上万个。其中，留得下深刻记忆的精品展览不过一二十个，大部分如过眼云烟，转瞬即逝了。博物馆策展人员的心血劳动、经验体会深藏在展览背后，既不为观众所知，亦不呈现于同行的视野。所以，中国博物馆协会这次遴选一部分展览，由从策展人视角，回顾策展心路、设计理念，留存展览方案、实施路径，总结成功经验、得失教训等，内省于自身，外示于同业，是一件有利于博物馆展览事业提升发展的大好事。

对于编写这本策展笔记，军博领导高度重视。要求按照策展笔记的体例要求，结合军博举办大型主题展览的实践情况，真实呈现抗美援朝主题展策展过程及展览全貌。现在的书稿，全部是参与这个展览的业务人员亲自撰写编辑的。其中，全书的框架结构在中国博物馆协会与浙江大学出版社的整体策划要求下，由黄亦兵、刘中刚拟定；“引言”和“结语”由黄亦兵撰写；“导览”第一节由赵建勋撰写，第二节由曹志宇、陈克非撰写，第三节由宋威撰写；“策展”第一节由曹志宇、陈克非撰写，第二节由夏鑫撰写，第三节由阎欣、孙成智、陈琦撰写，第四节由沈业成、杨沐、李小曼撰写，第五节由王磊撰写；“观展”由于潇、石耀鑫、陈忠媛、赵建勋撰写。还有，黄亦兵修改撰写“策展”第一节、第二节部分内容，赵建勋负责全书编务工作。最后，黄亦兵、刘中刚对全书进行了统稿。通过编写策展笔记，我们深深感到展览是博物馆的核心业务，策展水平是博物馆的核心能力，编写好策展笔记也是策展能力的一种体现。

本书的编写过程，也是军博以老带新、以身传教的过程，黄亦兵研究馆员作为这一展览的主创人员，通过组织策展笔记的撰写编辑，给全体参与人员以有力的指导和带教，体现了一位军博人的应有的精神境界。

在编写过程中，我们还得到了浙江大学艺术与考古学院“百人计划”研究员毛若寒博士、北京大学考古文博学院宋向光教授、上海大学现代城市展陈设计研究院执行院长李黎研究员、浙江大学出版社陈佩钰编辑的指导帮助，对此表示衷心感谢。尤其要感谢的是中国博物馆协会刘曙光理事长，在他的大力倡导和积极推动之下，这部“策展笔记”丛书才得以问世，成为博物馆人策展的痕迹和见证物。

由于我们策展水平所限，书稿中难免有疏漏不当之处，诚请业内人士和广大读者批评指正。